# 角落裏的風景

張又穎——著

原書名：我發現・我看見・在台灣

## 【推薦序 RECOMMENDATION】

這或許又是人生難得的緣分之一了。

十幾年前和幾個作家和漫畫家應某個基金會之邀到深坑一所學校去帶一個夏令營，對象是一群國中生。基金會跟我們說那是一群「比較特殊的、需要關心、啟發和導正」的孩子。

去了之後其實看不出他們有任何「特殊」之處，普遍健康明朗、彬彬有禮，只是略顯拘謹、害羞，但又有哪個青少年初見陌生的長輩（何況還是外來的『老師』）不是如此？

或許就是這樣的感覺吧，所以包括我在內的大多數「老師」好像也都用平常的心情和態度和他們相處，何況我們也都不是有教學專長的人，能給他們的似乎也只是比他們略多一點的人生或工作上的經驗而已，至於他們能從這短短幾天的相聚中感受些什麼、獲得些什麼、甚至如基金會所希望的能改變些什麼，其實都不是我們所能期待或預料的。

十幾年過去之後，那個夏天的營隊裡我們到底上了哪些課？做了哪些事？已經毫無記憶，唯一記得

的好像也只有那所位於山坡上的學校，因為直到現在每天上下班的路上都看得到；或許也因為看得到，所以始終沒有忘記那個夏天在那裡的一次緣分。

一兩年前在臉書裡收到一個訊息，一個叫張又穎的年輕人寫來的，說他正是當年那個夏令營的學員之一。說他不知道其他學校送去的是什麼樣的孩子，但那個時候的他的確是一個「特異」份子。

說在那個年少的階段裡他的確找不到方向，找不到喜歡的事。不知道自己莫名的怨怒起自何處，更不清楚孤單、冷漠的原因是什麼。找不到可以說話的人，但即便找到或許也不知道該說些什麼。

說他記得那個夏天某一個下課後的黃昏，我在走廊上跟幾個同學聊天。他說他一直沈默著，大部分時間都是我在說。他記得我曾經說過一段話，說人生過程必然充滿許多不確定，不是心裡想的都能成真；即便有幸達成一個願望，過程也不一定順遂，可能也都需要經過一番曲折顛簸，因此，無論如何都要在謀生的工作之外找到一個可以讓自己真正快樂的喜好或目標，有了它至少就多了一個動力，在不如意的時候它更會是一種慰藉或寄託。

他說奇怪的是，那個黃昏他竟然把這些話都聽進去了，在之後的生命歲月裡他真的依循著心裡的渴望找到了一個目標、一個出口，因此即便在人生最無力、最慌張的時候都變成他有力的支撐。

他說等有一天時機成熟了，他會告訴我那是什麼，並且也盼望可以和我分享。

老實說，我不記得我曾經說過那些話，如果有，或許也是當時自己某種心情的反射吧？或者，只是一番安慰自己的話。

至於他想和我分享的是什麼我也不清楚，時間一過甚至都忘了這件事。

沒想到春節前當年的那個孩子再度出現在我眼前的時候，他手裡抱著的是一份厚厚的書稿，圖文並茂。

由於自己的工作行程太過密集，這幾年來早就沒有把一本書一口氣讀完的空間和快感，同樣地，我必須承認這本書稿我是分成好幾個夜晚才陸續讀完。

書，寫的是台灣，是我們都應該熟悉的地方，但看著看著，卻覺得某些自己認為應該極其熟悉的鄉鎮卻怎麼忽然變得遙遠而且陌生？覺得自己的記憶是不是出了什麼差錯？因為他所看到的我好像從未見過。

我看不到可以代表那個地方的眾所周知的地標，多的反而是我從未發現的角落、沒見過的人、沒聽過的聲音甚至沒有感受過的季節變換時的光影和細微的跡象。

後來我們約了一次長談，這回和十幾年前不一樣，說的是他，我只是聽。

他說他斷斷續續用很長的時間走過這個島嶼，沒有起點也沒有終點，只讓當時心裡的直覺帶引他去的方向。沒有目的也沒有企圖，只是打開眼睛看、張開耳朵聽，把每一個見到的人都當成久別的朋友一般對待，然後傾聽自己內心最單純的感受，用最純樸的文字紀錄下來，一如日記或者某一階段的生命留下的痕跡。

他想與我分享的正是這十幾年來他走過的這段生命痕跡。

然後我於是才懂，那些自認為熟悉的地方在他的書裡為何變得如此陌生遙遠，那是因為我只是經過、看過，從沒去生活、去聆聽、去感受，更沒有和他一樣以當時的心境和所在的場所有過深刻的交會甚至對談。

所以這不是一本遊記，更不是一本導覽，對我來說它是另一種生命故事的紀錄，一個年輕生命內心跌宕起落、悲欣交集的誠實告白，以及這個島嶼上一些小鄉小鎮的繁華與滄桑，他們彼此互為背景，彼此糾纏。

幾個晚上的閱讀都有不同的心情和感受，並且一直想起和又穎之間這段難得的交會和緣分。稍稍覺得落寞的是：或許當年我曾經跟他說過那一段話，但，至今自己始終只是嚮往，而他已然完成。

# [ 推薦序 RECOMMENDATION ]

臺灣師範大學英語所博士生 李廼澔

這本書是又穎的「巢穴」，也是他的「裝配」工具。巢穴的根莖總在意想不到之處冒出，促發了神經系統，產生了無法預料的聯結。而在他書寫的裝配下，也許在自覺或無意識的過程之中，一種無法控制的能量釋放卻製造出了從來未曾被呈現過的最新穎的文字影像。於是新竹被米粉和工業園區裝配在了一起，新竹的風和寶山水庫同時孕育著生命與無生命，傳統文化與現代工業。彰化伸港的藝術家性格台灣招潮蟹和每天努力工作生活的弧邊招潮蟹一同追求著巨蟹女，紅樹林就是弧邊招潮蟹的業務，水筆仔成了法國餐廳的水晶燈。周旋在牠們之間的巨蟹女面臨抉擇，一邊唱著生命之歌，面對著不得不面對的現實變化勇敢面對著；一邊則忙著把那片紅樹林現代化。

在自序裡，作者寫道由自己的「後」少年時期做為起點也不是意外。「後」其實代表的多半不是與某個時期的斷裂，而是對前一時期的修正，如「後現代」、「後結構」。凡冠以「後」之名想要逃脫

的過去，往往無法逃離過去幽靈的糾纏。因此雖然作者與少年時期的時間距離也許有一大段，但是吐露出來的卻是他最想要去修補的一段過去。我們每個人都會有許多段因為過去的家庭、朋友、經濟狀況、社會環境、法令政規所造成的自己—不得不放棄學業的破碎家庭；因為環境而無法脫離的放蕩朋友；因為經濟能力而無法逃離的貧破社區；因為暫時無法逃離而必須忍受的社會粗鄙文化。當時也許正因為是「少年」，我們無力反抗或是掙脫。隨著我們各方面的成長（如果有的話），我們可以透過努力達成創造性的改變。這種改變是你為了成為一個與某個你憎恨的過去的自己而對自己家庭關係、朋友交往、經濟能力之整體配置的修正。生命其實很少是齊克果所說的either/or。我們的身份從在固定性和流動性之間轉換。我們選擇對我們最有用的來在社會上表演一個固定的自己，然後在暗潮洶湧的內部流動裡不經意地逃逸。在我們每天不得不屈服的，讓我們可以擁有一個身份的個人化「更高原則」之下，我看到作者想要逃離過去的那個自己已經好久好久了。這本書就是又穎在面對蟄伏於自己無意識中那個亟欲被解放的少年的創造性修正。藉由一個又一個的旅程，他會到那個雖然再也回不到，但終於有能力讓他變成的那個自己。

然而，也或許是為了拒絕被某一種特定的「真實」或「真理」收編。又穎雖然在書中描寫的是自己所親身經歷過的真實場景，卻還是把讀者帶入文字的迷宮當中，企圖以各式各樣的隱喻、借喻、換喻，來串聯、穿刺、跨越各種想要被固定住的慾望符碼。於是有一大段歷史隨著海尼根酒瓶的打開而逸出泡沫，又漸漸散去。但那封要寄給海尼根先生的信卻連收信人的身份也在歷史與地理之間穿梭流動，無法被固定。好似要向他報告些「ㄊㄚ」不在時的什麼，卻又領悟到也許一切都未曾改變。只是那些未曾改變的，卻又被一個又一個暴君式的力量操控著我們的心理狀態，一直到好久好久之後，我們才又逐漸看到那個我們一直以來所信以為真的真實的虛構性。但有趣的是，一個又一個將書中拒絕社會化少年所曾經認知的歷史與地理一個又一個抽離原本真實的多半是作者遭遇到的常常是一個又一個的老外！是否只有那樣一種完全不同的五官輪廓與膚色才正好可以帶給作者去熟悉化的效果？因此又穎也的確在書中進入了堂吉軻德式的想像世界之中面對著巨人般的風車。面對著一個阻擋自己前進的強大巨力下的肢離破碎。

德國哲學家尼采常常被下定義為叛逆的代表、法西斯的同路人。但在這些誤解之下的他實際上是一個對生命充滿熱愛而且主張以積極的態度去面對人生一切逆境的熱血男子。他在《歡愉的智慧》一書中如此寫道：「我想要去發現更多更多那些在事物中所必須的東西是美麗的；然後我想去當那些能造就事物美麗的人之一。愛你的命運：讓它從此之後成為我的愛。」在面對世間的一切事物時，尼采告訴我們不要去避免那些會對我們造成傷害、痛苦、與折磨的。就算一個人面對或遭遇到讓自己再痛苦的事物，我們也要把這些事物當成是世間所必須的美麗的一部份。這當然不是說一個人應該要宿命論般默默地接受人生的一切逆境，而是在面對人生如此多的苦難下還不讓內心深處被麻痺破壞。麻痺了，對世事默不關心；被破壞了，怨懟與仇恨應運而生。能夠將人生中所面對的不幸與災禍當做自己人生組成的一隅美麗部份的人被尼采稱為擁有貴族道德，因為擁有一切的貴族不會去嫉恨相對之下奴隸道德的人對他們所造成那些小傷害。更重要的是，擁有貴族道德的人把這些人生中不可預測的苦難當成絕佳的機會來修正自己的未來走向，把災難當成好機會，把不幸轉化創造性的改變。肯定了一切才是完整的存在。在《我發現·我看見·在台灣》中，我們看不到幾十幾百年以來為了化約為一個單一整體而不斷地被告知塑造與被強加記憶所有民族國家符稱下所代表的壓迫、仇恨與對立。我們只看到這一切曾經發生過的不可測的意外、侵入、轉化與晴天劈靂下所創造出的新事物與美麗。那個堂吉軻德式的少年在他所創造的世界裡，終於打敗了那個試圖逼迫他無法擁抱人生整體性的美好，而只想要從他和他們身上吸取養份以維持自己機械性運轉的大風車。

# 【自序 PREFACE】

後少年時期那段日子我的心不知道被小狗咬去哪裡。我一個人吃飯走路開門打雲行車曬月去島嶼各處，沒有目的。旅途中走著我就光纖化了，一層再一層脫落，像闖入早已編排好的瑰麗網頁，這樣的網頁（Web page）通常是一個檔案，存放在世界某個角落的某一組資料庫，無以名之，大部分人都使用網際網路相連，聽說在印度有人是用燃燒線香的煙裊相連。

我開始試著用文字寫畫面網頁。感官是瀏覽器，情感和理智是我的中央處理器，經由島嶼各處的網址（URL）來識別與存取，通過一緩慢複雜而又直觀快速的程式，解釋網頁的內容並展示出來。點下放大微觀、點下遠距宏觀，超連結裡面還有更多的超連結，編序製作為一個後少年格式的島嶼入口網站。

之前我是一個調酒師，背後是一堆常人不知道的各式酒類，經常要將之擷取點滴，調製成某一杯有故事的酒遞給吧台的人，清楚也明白知道某杯酒的迷人之處或是本體，更多的是調酒人的姿態、頻率跟角度等載體。

調酒師後期我已鎮年酩酊，像一顆過度下載空間已滿跑不動的磁碟，荒唐又喪志。直至陽光充沛的那天，我打上領帶決心磁碟重組，離開酒鬼星球去商人星球，開始每晚數著天上星星的數目，五億一百萬零一、五億一百萬零二這樣組成自己。日復一日瑣碎不斷壓縮，桌面陽光一樣充沛，我望著陽光卻覺得活在自己的心之外，就轉身不想攪和世界了。

一個平常不過的隙縫中我不負責任地跑掉了。那隙縫其實大家皆有，在人生頁面的右上角，一個叉叉的符號。我按了下去，寫了這書所有後來關係，島嶼各處探尋自己輕薄的情感，連結一層一層被解開並開啟，我與島嶼的海洋土地，資訊上傳下載交融交會交通，脱落存取再新生頁面。年少的率性若恍惚的傳輸中，結出一頁頁厚實的心光。

島嶼行旅的輕聲叩問中，如同無邊無際的網際網路裡有很多房間，我們開了一些不同的視窗，有透明的一望便是美麗的山川，隱約映著自己正望窗外的倒影；有的視窗像鏡子看到是自己，手上再拿一面鏡子對著，更發覺現下似重要，在多重的時空折射長廊裡有多不重要。

路程最後走到理解未明才美的時刻，我情願一直停留在那。可是在能理解美的同時也理解了愛與責任，所以思考當世界的相對條件不再，生命的存在形式改變時，如何能守護存續？將旅途上的姿態、頻率跟角度記錄下來，用散文開網頁，是我目前能想到的方式。紀年更迭，這些文字總會在能開花的地方，開花。

旅行如生命是在運輸自己，多麼隨機不混亂且序位同等。

**我發現・我看見・在台灣**

是一個超連結

裡面有更多的超連結

# 目錄 CONTENT

http://
清熱婀娜.
花蓮紅葉
.com.tw
N23.490643,
E121.325538

醒來時，天已經微微透亮了。我忽然好害怕，害怕身處的宅院是昨天狐仙帶我來的幻境？深山森林裡的木造房子裡，天一亮，所有一切都變成一堆腐葉，在沒有出口的深林裡。

過了不知道多久，當那道年老無比的晨光射透了窗櫺，撫觸檜木製的牆面。才發覺無法回復以前輕易的光合作用，於是兩者總每天重溫彼此青睞的夢。後來，晨光游移又優雅地撫觸塌塌米，我真正從空曠迴盪裡起身醒來。

拉開和室門，穿越明淨木質地板的長廊，花蓮縣萬榮鄉的「紅葉溫泉旅社」，近一世紀隱身山中的日式木造建築，宅院懷抱著中庭的仿古水泥噴水池，就像旅社本身被加星山群所環抱。

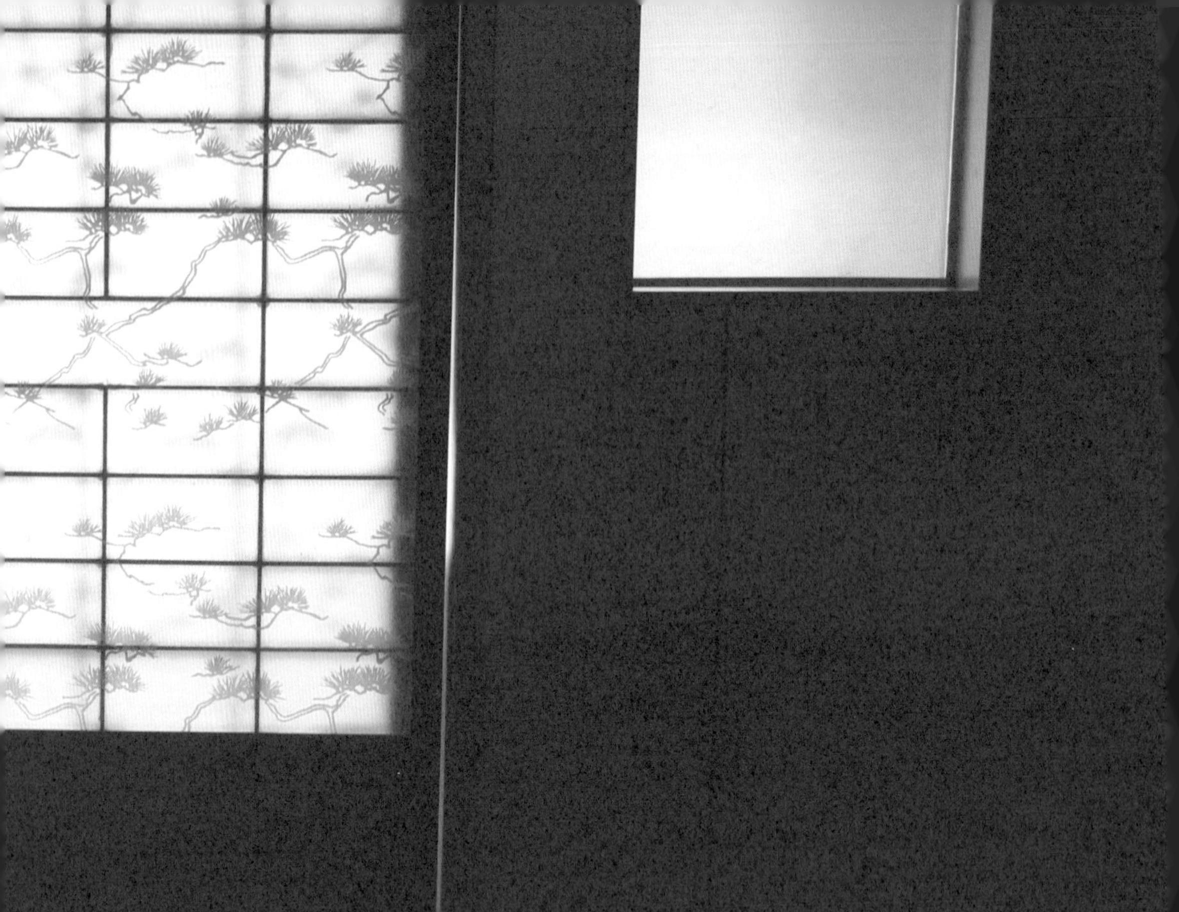

旅社內房間成排的塌塌米通鋪，是日領時代招待高階警官的會所。公共浴場內水質清澈，無色無臭，裊裊冒著白煙的紅葉溫泉，源自於紅葉溪上游的虎頭山，泉質為鹼性的碳酸氫鈉泉。

跟櫃台剛吃完清粥早餐的老闆娘道早安，清新的內山早晨已如來程的復興號火車，經過斷續黑暗山洞豁然明朗地蒞臨。老闆娘說紅葉溫泉叫做「內溫泉」，靠近市區街道的瑞穗溫泉叫做「外溫泉」，語帶玄機地宣揚這內行人才會來的內山溫泉，並將沐浴用品和早餐遞給我。

用過早餐，喝完大水壺裝的溫熱茶葉水之後，我走進了不知道是為了省電，還是自然幽靜的公共浴場。高高的透氣縫隙透進的

光線，將陰暗空間的白磁磚照得有一股酢漿花的清香瀰漫。空氣中有令人墜入五里霧的幻術水蒸氣，彷彿進入公共浴場裡，自己就會不見，回到沒有意識主張的嬰孩時期，完全地氤氳溫暖子宮裡，被水保護包圍，吸取水。

為了跟上溫泉的心跳悸動，我加熱自己。

新陳代謝掉那些城市所累積的寂寞卡路里，燃燒掉電梯公寓窗簾緊閉的靡密體脂肪。

時間日子在 47.3 度 C 的紅葉溫泉，壓縮成最小的格式，燒錄在斑駁不規則的蓊鬱磁軌裡。

一遁身便滿溢的溫泉水，在公共浴場的水溝裡持續地流洩低處，以虛擲浪費的方式不斷蒸發。

溝渠裡潺弱的流水聲，和池中自己造就的漣漪水波聲，相互對照。

冷靜的山，裡頭炙熱的心，用紅葉溪靜脈相連，運輸彼此。妳的堅決血型，我的憂鬱抗體，在此交流互斥，喘不過氣。

起身時的暈眩，讓我的頭部必須低於心臟的位置，才能在這流水歲月裡找到屬於自己的定

位。全身堅硬角質軟化脫落後，變得細敏光滑。畢竟之前曾在清澈且腐蝕性的溫熱流域裡，貪婪地將毛細孔全打開，給妳。

著上衣、吹乾髮，離開浴場遺忘當中淫潤。皮膚像經歷青春狂熱和年老風霜，原來當時紅葉溫泉是那樣溫柔地形塑我，燃燒我。

依然留在溫泉水面上漂浮的那片楓，到底是因為現在秋天，還是當時池裡的水很熱，才好紅？

老闆嬤坐在中庭的石椅上，石桌上擺著竹篩，裡頭裝滿像破布子的植物正沐浴著近午的陽光。她戴著帽沿很長的帽子，嘴唇附近皺紋整齊得像少女的百摺裙。

俟走近，老闆嬤給了我一個迎客笑容，坐下石椅，才看見她閃耀光芒的深靈雙眼。幾句問候後，

問起我的來歷，我說從火車站旁租汽車而來，老闆嬤笑了沒有要追問真正來歷的意思。我反問她，她則開始說一個關於兩顆石頭的故事。

幾百年前老闆嬤她的祖先，帶著族人由台東到花蓮瑞穗北邊這兒，尋找安居之地，後來覺得不適應，決定要返回原居地台東。途經舞鶴台地時，族人領袖吉哼哼留下來，所以有一部分人就跟著祖先回台東，包括老闆嬤的祖先的一部分人就跟吉哼哼留下來。

留下來的人在吉哼哼的帶領下，砍了大樹準備蓋房子。因為祖先交待蓋房子立柱時一定要唱聖靈祈禱歌，每個族人同心誠意地邊唱歌邊立起一根柱子，接著要扶立起第二根柱子時，許多人竟唱錯祖先教的歌詞，於是忽然烏雲密佈暗無天日，風中沙塵蔽天。

暴風過後大地恢復平靜，但族人所有吃的用的，桌椅杯盤……等等，全部變成石頭，連兩根蓋房子的大樑柱也變成大石柱。

老闆嬤並沒有說完這個故事，我見她進房手忙，沒有問後來呢？那些族人呢？我想起西方的蛇髮魔女，黑暗中的白色眼神，每個想看見她眼睛的人，都會變成石頭，怎麼也無法掙脫詛咒。

從旅社櫃檯上透明的壓克力箱子中抽取一張旅遊DM，是「掃叭石柱」的照片，在花蓮縣瑞穗鄉舞鶴村遼闊草地上兩根聳天的石柱。看來離紅葉很近，便決定出發。

發動車子，鬆開手煞車，告別紅葉溫泉旅社的清熱婀娜。後照鏡裡好像看見另一個留在清熱婀娜的我，正在對我揮手，說拜拜。綠山裡旅社的紅色屋簷，到底是因為正午的晴，還是在照後鏡裡的殘影，才好紅？

山路彎道不停雷同，廣播頻道跟道路雙黃線交合時而斷訊，接收不清世界要告訴我的波長。癡肥地遨翔是為了確定我的不確定，於山的周旋中用很重的方式，放逐。整條台9線被我凌駕壓整後，終究變得安靜傾圮。

到了廣闊的舞鶴台地，兩根巨大石柱是巴比倫法典，當初刻寫的約定，早已模糊不見，徒留千斤重量，在空曠迴盪的歷史裡。

離開掃叭石柱的時候，天已經微暗了。忽然了解眼前的一切事物，是往中心點重壓後兩端外翹的微笑。在很公平的深黑中有雙眼，讓清熱婀娜的水，滴成最堅硬的石。

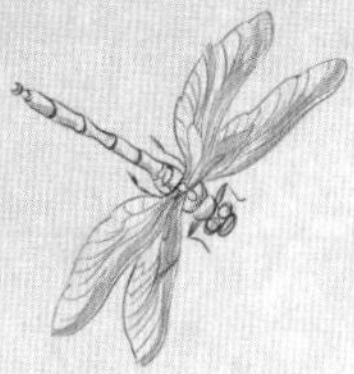

## 後記

山下出泉，蒙。君子以果行育德。上艮下坎。進退兩難，不知所適之象。《序卦》：物生必蒙，故受之以蒙。蒙者，蒙也，物之稚也。蒙代表幼稚階段〈sprout〉(infancy)。童蒙像兒童心智處蒙昧狀態，泛指尚未覺知宇宙人生真相之意。「蒙」有：遭受、承受、覆蓋、瞞騙之意。文中：皮膚像經歷了青春狂熱和年老的風霜，原來當時紅葉溫泉是那樣溫柔地形塑我，燃燒我。亦是蒙的狀態。或用以〈cover〉。說文解字：王女也。从艸冡聲。

http://
仰俯之間．塔塔加
.com.tw
N 23.482791,
E 120.885921

到塔塔加的時候，已經是半夜兩點了，高海拔明亮的星，矖醒沿途昏睡的我。任使公用洗手間的冷徹泉水，洗清掌心裡的城市餘溫餘味。負責開車的好友已把休旅車裡的座位躺平，沉沉地睡著了。我的好友是位電腦工程師，和我一樣喜好到處旅行，也認為旅行的目的就是不要有目的。

下午還在台北他公司樓下會客大廳聊著科技產業的結構問題，凌晨就一起到了海拔2610公尺南投信義鄉的塔塔加。停車場周邊搭著許多大小帳篷，大部分都暗暗的，裡頭有粗獷的打鼾聲；可能正為明日的玉山攻頂圓夢之旅儲備能量，也有燈火通明的帳篷，大家族的中年親屬圍在一塊，邊啜著禦寒的威士忌，邊聊著孩子的教育大計，想必明天他們到阿里山國家公園，一群小孩子們蹦蹦跳跳的模樣。

塔塔加是曹族原住民形容寬闊的平台草原的意思，而這兒也是要去玉山或阿里山的交會處。我站在沒有路燈便伸手不見五指的交會處，等待著生命的超連結被點擊，開啟怎樣寬闊感動的網頁。在網路世代之後敘事的墨水乾涸，由星光接手記載細明體的歲月。打出一行又一行折疊再折疊的數字符號語言，化成代表一整片天空的連串，按下 Enter 鍵，旋轉，懵懂地重新整理自己。

三月夜裡塔塔加的乾冷呼吐水蒸氣的寒煙，帶著手電筒到處查看有什麼道路，靜謐時而有夜鶯啼叫的深幽林間步道，有時會被手電筒晃動龐大的身影給嚇到，自身投射的影子裡有一個模糊的輪廓是徒勞而迷失的水手，掌著光線的舵，卻不知該往哪走。樹影也幢幢，人也幢幢，有誠實的自己和之前已經扔棄的自己，在暗夜空蕩沒有無線射頻覆蓋的塔塔加林間道路上接取不到訊號，無法連結開啟網頁。

冷縮地回到車裡，好友被我吵醒，兩人開始聊起許多第一次的經驗，我說這是第一次來到塔塔加，他說這是他第二次來，上次是帶著老婆和小女兒來，也是一樣睡在休旅車上，半夜小女兒怕鬼不敢去廁所，由好友帶著小女兒去，途中小女兒望著浩瀚星空問：「爸爸，你知不知道銀河是熱的還是冷的？」他說：「是熱的」。

雖然他說當時吹著涼涼的風，但的的確確是個全家來避暑的夏季。現在透過車頂天窗看那片廣闊的銀河，他和我都覺得是冷的，而且還是晴朗的冷。

好友說小女兒是支撐他可以繼續庸碌生活的唯一力量，因為好友母親在一場車禍中變成植物人，已經癱瘓在病床上四年多了。每每去醫院探視母親，總會像出事前那樣跟母親報告近況，說一些心事，儘管母親始終都沒有應答，但看著規律起伏的心電圖，舒張壓跟收縮壓細微的變化和那間隔的輕嗶聲，他知道母親正在悉心交待關於小女兒的照料。

就這樣心力交瘁奔走於庸碌工作和安靜病房之間，所以哪怕週休二日短短兩天，只要能逃離那之間，高高的山或遠遠的海，都是生命喘氣養息的空檔。深深地旅行、深深地呼吸、深深地忘記那瘦癟的四肢。

晴朗的冷，我想起好友平常樂觀風趣講的大而化之的笑話，背後是每一日奇蹟後的沉重。

在塔塔加公用洗手間啜飲著冷徹泉水，冷徹泉水也正在飲取著我，揉洗起潮濕堅硬的雙眼，然後深呼吸。開車前往新中橫公路 140K 準備看日出，六點多到時，天空像陰天晾曬的白色床單，太陽躲在玉山北峰背後，許著清淡平安的願，弦月是白色床單的夾衣夾，正在不情願地墜落。

山巒的雲霧裊繞，不知所措地游移在仰俯之間，等待著被希望挑開。陽光總算在玉山北峰旁翻騰的雲霧中蹦出來，只消一分鐘不到的時間，已經高升到面前，燦爛地普照之前的所有思慮，然後化為芸芸大自然對生命的哺哺期待。

自玉山山脈的起點西巒大山（阿洛瓦山）開始頂天的山峻蜿蜒壯闊，東隔荖濃溪為中央山脈，西隔楠梓仙溪為阿里山，

荖濃溪與楠梓仙溪則是灌溉島嶼魚米之鄉的高屏溪上游源頭，像滙集天上雲朵水氣的臍帶，這兒貯藏著許多溫柔羊水的祕密，不著形式地照耀蘊育這島嶼，和島嶼上所有的人。

新中橫公路的著名夫妻樹是兩棵根部相連的紅檜，早年的一場森林大火，將這兩棵相連的巨木焚毀得只剩下殘骸，雖然兩棵紅檜早已死亡多年，但卻還是緊緊相連，互相依靠，維繫著彼此。好友像是探視無聲病房內的木然母親時，傳遞緊握生命力的手那樣，合抱著聳天巨木，靜靜地把臉貼在母親的臉上，以證明生機喪失，淒然枯立裡永不止息的愛。

我在晴空蔚藍下，仰望著沒入烈日的枝頭，絢爛奪目中有一種恩典正在進行製造著，而且沒有偏心，也沒有憎怨。

車上聽著輕快經典西洋歌曲，好像什麼儀式終於結束那樣，輕鬆哼唱著真心的話題，跳過了破碎殘夢中的遺憾，翻譯起西洋歌曲裡的青春。車窗外縱橫交錯連綿不斷的山脈，有遍野的青碧韶黃是高低海拔的四季，也有峻嶙赤裸的崖壁，只見到處閃耀著，繁衍著晶瑩光芒。

輕輕的生命在其中進行著，重重地留下許多軌跡，也許一下就被後車揚起的塵石掩蓋，但其間的樂悲冷暖是怎樣都無法抹滅的，永遠就存放在西元幾年幾月幾日幾時的資料匣裡上了鎖，或沒上鎖。

阿里山國家公園羅織的遊客，為山的翠綠妝點紅藍嬌豔。神木們屹立成群地靜靜俯觀著底下來往交錯的人們，年輪裡記錄著西元幾年幾月幾日幾時發生的種種，不曾壞軌地寫著這兩三千年來，這島嶼上許多情感的一元一次方程式，至今還是不遺漏地寫下去。

人們的仰望和宇宙的俯觀之間資料匣裡，自身的符號是什麼？和哪個人相疊或分離的後續數字又是多少？我想，淘淘歲月會告訴我們，千古神木則會在旁認證。IP的編碼循環有序，也是記憶也是想像，終將出發終會停靠。在玉林如黛的阿里山午後，情感沒有任何目的，只求願彼此的心靈能更加深穩，跟好友說好了：不管如何，就這樣領受生命。

車上放起了好友給小女兒聽的鋼琴練習曲，不多話地感受簡單旋律的揚斂。新中橫公路收假的車潮伴隨山區濃霧，車燈探照著能見度不高的前路，卻不孤獨也不害怕，朦朧霧裡有許多數字符號的車尾燈魚貫。在生命這條路上，我們不曾形隻影單，親情、友情、愛情，刻篆著記錄著我們的浮沉升降，也因為如此生命才得以不休止地延續下去。

問跟我一樣被高海拔紫外線曬傷的好友：「現在呢？塔塔加繁星點點的銀河是熱的還是冷的？」

他說：「本來冷凍璀璨的銀河，在這兒慢慢融化成水一樣，淺水嘩然，深水啞然地蒸發到無垠宇宙裡了。」

我咀嚼著他像滲透哲理般的話，望著遠方山影的冷凍雙眼，竟也慢慢融化成水。被行進的山風一吹，便拖曳著生命的痕跡，蒸發並儲存在西元幾年幾月幾日幾時的那裡。

## 後記



山上有木，漸。君子以居賢德善俗。上巽下艮，巽為木，艮為山，木隨山勢而長，漸長之象。

《序卦》：物不可以終止，故受之以漸。漸者，進也。

文中：朦朧霧裡有許多數字符號的車尾燈魚貫，在生命這條路上，我們不曾形隻影單，親情、友情、愛情，刻篆著記錄著我們的浮沉升降，也因為如此生命才得以不休止地延續下去。即「漸」亦步前趨不終止之象。

卦中三陰三陽，陰陽均衡，"六二"和"九五"各得其位，相互應援，如文中：好友像是探視無聲病房內的木然母親時，傳遞緊握生命力的手那樣，合抱著聳天巨木，靜靜地把臉貼在母親的臉上，以證明生機喪失，淒然枯立裡永不止息的愛。

或用以〈march〉。說文解字：从水。斬聲。按走部有　字訓進也。今則皆用漸字而廢矣。

http://
# 貪泉酌飲．冷水坑溫泉
.com.tw

N 25.167844,
E 121.562712

我很喜歡泡溫泉，因為我常宿醉。

宿醉是因為酗酒，酗酒是為了忘掉，忘掉自己。

隔天睡醒時，總是有很長一段時間無法思考，所以時常在假日的午後，煮泡麵，喝熱湯，看電視裡的播報員自言自語，說一些令人頭痛的事。睡完回籠覺，如果還沒好，我就會開車去陽明山的冷水坑泡溫泉，讓溫泉將體內殘餘的酒精揮發，恢復思考，記起自己。

仰德大道假日都有交通管制，所以必須走其他小路上山，天母高島屋後面就有一條通往文化大學的小路，狹路會車時，會有一種超現實的感覺，明明就只容一輛車能通過的小路，竟能下意識地通過彼此。

那種幻滅感像極了剝落的花一樣失落，或者是身體血液裡的酒精，經過整夜歡愉後，所剩下的無用成份那樣等待痊癒的動物感傷。

經過熱鬧的文化大學觀景處，會看到一整排洋式平房，是以前美軍駐防台灣時大使和將官住的地方。仰德大道菁山路口麥當勞附近儼然已成一個山中生活圈，便利商店、超市、書店、餐廳飯館應有盡有。山仔后派出所員警在路口忙著疏導與高采烈的假日熱鬧車潮。

直到轉進菁山路才真正有身在山中的感覺，綠意盎然的闊葉林，陽光在山林間學會說西班牙話，雖然嘰哩咕嚕聽不懂，不過意思大概是說沿著幽靜的熱情走，就會抵達山的中心思想。

海芋的季節還沒到，華崗的蓁鬱蒼翠卻已經植被了我。路上教育電台發射站成群的白色大耳朵，正在唱著喚醒的歌，$\alpha$ 波使我產生巨量腦啡，就像冷水坑在金山斷層和崁腳斷層之間，經過許多重力斷層壓揉過後的地質熱液換質帶，所矽化的岩塊和金黃色的硫磺結晶，那樣地煙霧迷離又晶瑩剔透。

山的青綠跟灰色兩張半臉，灰色霧裡硫磺蒸焠成火山葉苔和硫磺芝，那是一種

能忍受高溫的細菌，生命演替已經進化成一副超人意志的樣子。

看見七星山的時候，也到了冷水坑遊客服務站。擎天崗草原上小小的牛隻，和滿滿芒草的山麓一覽無遺。微醺的餘暉將山的影子蓋住另外半座山，展示著彼此影響的酒肉交誼。

我一直覺得溫泉是山的鎮定外表外，怕讓人覺得沒禮貌，又一直不停流的鼻涕。溫泉用屋簷掩飾自己不遵守社會規範的羞

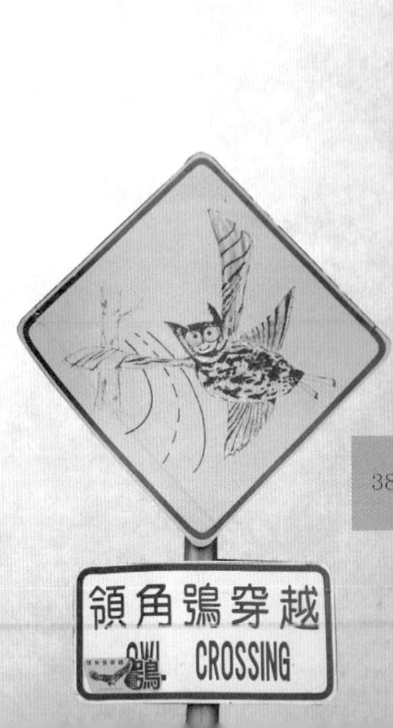

恥，過敏的體質和鼻子，流了上萬年的觴酌，熱滾滾地將自身的防衛抗體，使用時鐘在桌角軟掉的方式，包裹溫泉池裡每個裸體自若的人們。

如果湧出的溫泉溫度高於當地年平均溫6.5度C以上，或高於人體體溫的話，就可以叫做溫泉。冷水坑溫泉只有三十九度C，遠低於其他地方達到八九十度C可以把蛋煮熟的溫泉，所以這也是冷水坑的姓氏由來。

冷水坑公用溫泉浴池是免費提供民眾使用的，男女分浴。

進入浴場時有兩位老人，一個在池邊做伸展運動，另一個正在池中用一條長木棍清除溫泉水面上的浮渣油垢。從置物櫃的內容物來看，他們應該是爬了一整天的山，回家前至此清除長途攀爬的疲累。

迅速脫完自己全身，隨便舀了兩勺溫泉水沖揉一下，隨即進入混濁乳黃的溫泉裡，然後為了適應而自然地發出幾聲呻吟，開始與溫泉交融交換交通，產生中和的虹吸作用。

池中身旁的老人像早已看透這一切似地將濕毛巾蓋在前額頭上閉上雙眼，彷彿一副但願長醉不願醒的模樣。

我在溫泉池裡血液循環加速再度酩酊，為了抑制平時原始本能的大腦，打擊體內的每週末發作的星期五病毒，我使用發散、疏導、行氣血的掃毒軟體。

快速運轉佔用卡住了我平常跑很順的

ram，導致CPU的使用率變成100%，一直到內熱難耐，只好按住Ctrl加Alt再按Delete，請出我的工作管理員，於是就像打烊酒吧裡的燈都打亮，工作管理員幫我埋單，他才能工作結束，我才算掃毒完成，就等待重新開機。

無邊黑暗中臨摹天地初出一片混沌，面板裡的太初世界有了電源便有了生機，螢幕掙扎地閃了兩次異常的亮。淋漓盡致地清理磁碟後，Windows打開絢麗色彩，迎接創世紀。漏斗圖示還在跑，我分不清在自己漏斗的上意識還是下意識。

總之，就像總在醉夢中偷跑出來的荒唐意識，那些應用程式永遠都存在硬碟系統裡。

離開水面淋上冷泉水，產生滑鼠游標，無線網路自動連線信號暢通，我先在桌面捷徑的圖示找一種生活方式。如果今天 Internet 的話，我就會在無限可能的連結裡尋找點擊對象，開啟誰的心房網頁一探究竟。

有個檔案夾在冷水坑上方的七星山山腹，檔案名稱叫做「夢幻湖」，是七星山的火山熔岩與碎屑堵塞而成的火山堰塞湖，雨季出現旱季消失，如夢似幻，山嵐雨霧在終端機那頭的雲端運算。

點進「夢幻湖」一看，裡頭生長稀有的蕨類，叫「台灣水韭」是台灣特有種，全世界僅此一屬一種。

水韭的孢子黏附在候鳥身上，當這些候鳥從遙遠寒冷的北方南下來台灣過冬，便一併帶來水韭的孢子，在夢幻中貪泉酌飲，遂成長進化為與眾不同的自己。

每次宿醉後來冷水坑泡溫泉的我，老是在現實與醉幻的夾縫間，飲酒自戀最獨特的自己，泡湯自省好矛盾的自己。為自己蛻下最外層的受損舊皮，每次都企圖用最新的升級版美化彼端的自己。

每池溫泉都是通往每座火山地心岩漿的入口網站。如果點進我，跟我交融交換交通，就能在其中找到意義並感覺到我。

冷水坑溫泉比其他溫泉的水溫都低，不正是我經常宿醉的根本原因。

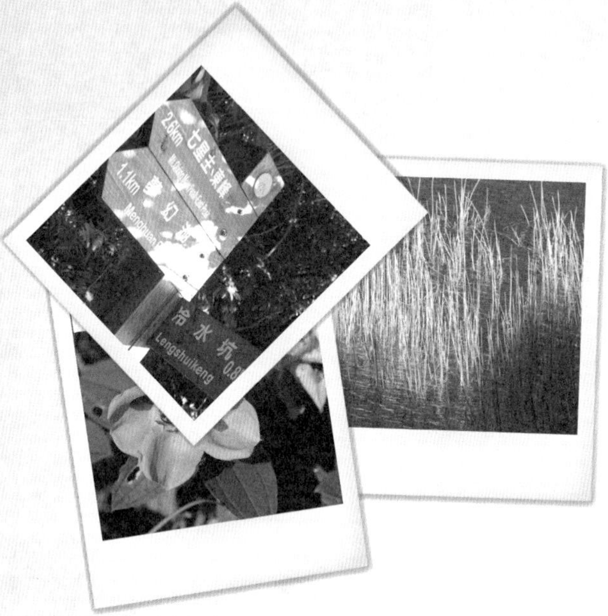


## 後記

雲上於天，需。君子以飲食宴樂。乾下坎上，雲者水氣也，水在天上而未下，即是需求。如果雨水落下來，才能滋潤眾生。

亦有：給用、上傳下載各取所需之意。《序卦》：物不可不養也，故受之以需。需者，飲食之道也。

文中：離開水面淋上冷泉水，產生滑鼠游標，無線網路自動連線信號暢通，我先在桌面捷徑的圖示找一種生活方式。如果今天 Internet 的話，我就會在無限可能的連結裡尋找點擊對象，開啓誰的心房網頁一探究竟。即是一種生活所需的飲食之道。或用以〈 must 〉(necessity)

說文解字：　也。　者，待也。雲上于天者、雨之兆也。此字爲會意。

http://
一滴一點.
新竹寶山
.com.tw
N 24.747806,
E 121.041656

乘坐在接近午夜的接駁公車上，整輛空蕩蕩的公車上只有我一個人，遲來的公車上寒滄吐煙的冷氣，化成車窗上凝滯的水珠，隨著路面的顛簸起伏，緩緩地流向我倚靠車窗的手臂。

一位遲來的乘客問著司機有沒有經過他要去的那一站，司機沒有回答他，我也沒想回答他，只是冷冷地望著窗外，心裡想著是，車窗上的那片霧什麼時候才會散。

下了車走在忠孝東路的我開始累格化，彷彿停滯在機會與感情的潮間帶。昨夜一個人的義大利麵在胃裡消化不良，就像家中狼籍桌上的杯子，仍然沒有解決內部的液體。粗鄙的連日陰雨，就是在諷刺著我不確定的腳步。

或許山的背後真的有一片藍，可以把自己隱沒在那片藍裡，不再擱淺在這城市我的灰色潮間帶。

回到了新竹寶山的老家，是一間提供生機飲食的土雞城。山坡上種植現摘熱炒端給客人的蔬果瓜瓠。小時候爺爺奶奶總是叫我表演唱歌的門口涼亭，現在已經改建成停車場，裝載許多週休二日的休旅車。

記得上次跟妳一起來的時候，我們還在愛情天空裡飛行，說好要一起完成的幸福夢想，現在埋在回憶土壤裡還沒分解。

把台北的工作辭了，沒有原因的就想躲在寶山的山裡忘記城市中的種種，忘記自己的名字，忘記妳的倔強我的堅決。

妳現在看見妳想看見的世界的嗎？土雞城裡來自不同縣市鄉鎮的客人，總或多或少提到關於妳的片段，那些我們一起走過的路，看過的風景，說過要去卻始終沒去的地方，還有像去妳家時那樣親友間的客套。

我想到妳的長髮是否還飄逸？妳的眼眸映的是什麼樣的風景？土雞城的卡拉OK時常唱著看破紅塵的台語歌曲，我也開始在酒杯裡尋找沒有妳的自己。

客人來這都像出國玩樂般那樣放鬆，畢竟這兒是群山圍繞的深處，常常有來此過夜的客人，會陪我大酌到天明，聊著些我機械式應答的話，喝著些讓我可以入睡的酒。常不眠，讓黑夜山風吞沒我，把日出看成日落，從青鬱山巒走進幽暗深谷，生命失去了妳，我也不再是自己。

晨間，爺爺已從綠竹筍園鏟筍歸來，奶奶則開始張羅著大小事，結婚超過六十載的他們不多話，總是靜靜地感受著對方，對他們來說生活的瑣碎事就是生命中的極大意義。我呢？

時常在午後靜靜地凝望著天空，把自己隱沒在那片藍裡，在深深森林中把自己搞丟，在層層梯田上讓自己滑落。然後又在那片藍裡盤旋，繞著一圈又一圈始終找不到夠寬敞的停機坪，自己的巢。

連續下了一個多禮拜的雨，土雞城裡許多東西也都發霉起來，後院的瓶甕靠牆處，陽台的木製桌腳和椅腳，雞圈裡隔間木板也長了片片霉菌，就像自己由內腐敗的化身。

我發現那些發霉到全然爛掉的狀況，為得是長出菌菇，轉換成另一種生命形式。菌絲般的逃避把自己丟掉，是生命的一種生化歷程。太陽出來時，那些菌菇像一把把撐開的長長陽傘，底下住著許多初長成的纖細娉婷，透過傘面似懂非懂地理解這個世界。

這場綿延的雨季告一段落，我的心也漸漸不再灰暗，雨水細細沖掉過去不知珍惜的我。想像著沐浴後的自己換上新的冠帶，山坡林間輕盈蹦跳的五色鳥，正發出郭郭郭明快的節奏，唱著利見大人的青春。

五色鳥全翠綠色，眼廓是紅色，額頭是黃色，頭皮是藍色，眉毛跟嘴巴是黑色。如同生命的拼圖有許多顏色，藍的紅的黑的亮的暗的都是，少了一塊就不完整。山的背後真的有一片蔚藍，

藏著很多光譜的色彩。

橄欖樹安靜地將那些色彩儲存自身果肉裡，將所有立即變成曾經的韶光，醃漬起來放進玻璃罐，分批裝箱寄送給人們，排列在自家廚櫃裡。或許很久之後哪個深夜裡，旋開瓶蓋品嚐甜澀，才知道當年那樣尖銳的果心，是一種完好。

新竹的風把米粉吹曬得久煮不爛，我在避風港裡全然地爛掉。孕育出另一種形式的全然生命，拼湊出完整的觀照。在供應科學園區和這片土地民生、農業用水的寶山水庫上，有座橫跨水庫的吊橋。站在湖心中的吊橋上，望著遠方綿延的山巒和成群水鳥，我開悟似地忽然大喊大笑。

當纏綿沉痛的誠摯真情從對一個人，逐漸變為更多更大的時候，那種博愛、仁愛和慈悲，像魔豆生長到天頂，在雲端睥睨著世間山水，也化為包容萬物的謙卑胸懷。寶山水庫靜止的湖面泛起許多漣漪，粼粼的波濤不斷擴散向外，像一首透明的秧歌，進入自來水管線裡，親吻每一人。

經過洽水崎的老茶亭，停下摩托車啜飲奉茶溫熱的茶水，滋潤著乾渴的決心。矮牆邊的腐葉堆裡的獨角仙，也在啃食腐敗納為己用。獨角仙是一種完全變態的動物，從卵變成幼蟲，再變成蛹變成獨角仙，每個生命階段是全然不同的形態，就像是一種時間的機變。

如果在蛹裡就將全身的體液排空才能破繭，如果在愛裡就學會自給自足不佔有，終會有自己美麗的犄角。

回到家，奶奶已經準備好晚餐了，有臍粑仔、薑絲大腸、客家小炒、滷蹄膀筍乾還有我最喜歡的豆乾湯。土雞城今晚沒客人，爺爺明早要採綠竹筍到市場擺地攤，所以連電視新聞都沒看就去睡了。

奶奶吃得不多，說楊桃大家都種太多賣不了好價錢，不過今年的水梨多汁又大又甜，隨即又笑著說起擔心我的話。我喝著甘鮮的豆乾排骨湯，跟奶奶說：「我一定會把自己照顧好，奶奶免煩惱，請要照顧好自己跟爺爺！」

儘管寶山的夜是這樣地深暗，但越是深暗就越能感覺自己的體溫心跳。這段時間的沈澱使我明白那些大自然裡的一草一木，一點一滴，靜觀自得的世界。紀伯崙說：「悲傷在你心中切割得越深，你便能容納更多的快樂。」或許就像那空空如也，謙虛又有骨氣的綠竹筍，要先在產期前培土成壟，使綠竹筍不露頭，才能有那般脆嫩細緻。

在這花園般群山圍繞的沒有妳之後，許多關於成長的洞察，隨著青澀懵懂在風中逐漸飽壯，

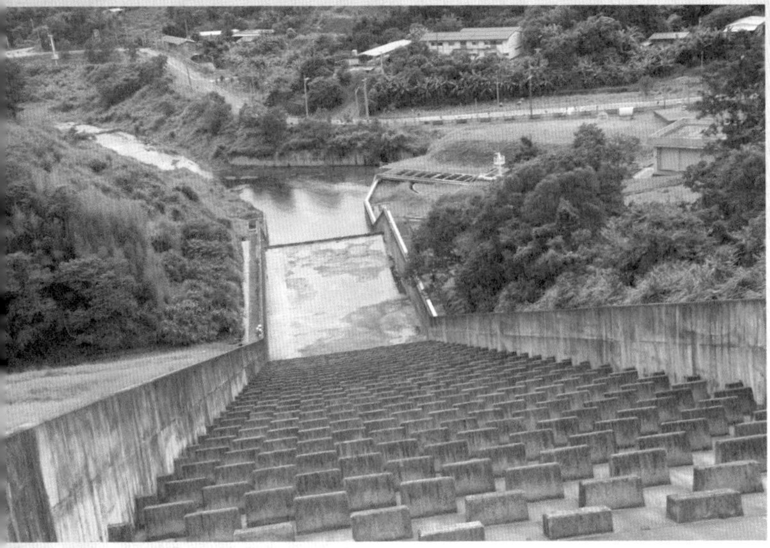

雨霧後的筍林中凝滯的晨露水珠，緩緩地匯集到那挖出一大片悲傷建造而成的寶山水庫，用滿水位的姿態灌溉大地滋潤著萬物。

以為失去一切回來寶山家鄉之後，我尋回，曾經在都市的車窗緩緩滑落，最後隱身寬闊中那滴青春的珍貴。

## 後記

山上有澤，咸。君子以虛受人。上澤下山。山氣水息，互相感應；陰陽交會，萬物亨通。象心懷虛則感通。《序卦》：麗必有所感，故受之以咸，咸者感也。感是主體對客體的一種相應作用。凡動皆有感，感則必有應，所以再爲感，感復有應，雙向互動交相感應。天地之間的事物就在這個循環不已的動態的過程中，結成了普遍連結的同一整體。

文中：在這花園般群山圍繞的沒有妳之後，許多關於成長的洞察，隨著青澀懵懂在風中逐漸飽壯，雨霧後的筍林中凝滯的晨露水珠，緩緩地匯集到那挖出一大片悲傷建造而成的寶山水庫，用滿水位的姿態灌溉大地滋潤著萬物。即爲「咸」的感通之象。或用以〈communications〉(affect)。說文解字：皆也。悉也。从口从戌。戌，悉也。同音假借之理。

http://
海尼根先生.
桃園復興
.com.tw
N 24.812865,
E 121.35048

親愛的海尼根先生，天氣越來越冷了，似乎要和您暫時告別了。或許在卡夫卡小說裡，才能再找到像您一般的勁綠。想學史懷哲先生那樣去非洲草原做一些像樣的事，卻依然碎裂地在城市的各個角落，撐著傘，或淋著雨。

壞掉地天氣，狂風吹亂了捷運的路線，下了一站不屬於自己的地方，那裡的人用皮鞋和高跟鞋說話，住在卡布奇諾泡沫般的辦公格子裡，每天像個肉身佛期待腐爛以永存。

紅綠燈裡的小綠人越跑越快，越跑越快。我好像越來越懂是怎麼一回事，原來是聖誕節快到了，風才這麼大，我才這麼不溫暖。

期待已久的陽光今天總算在桃園縣復興鄉的角板山落腳，晴空下的細雨往上飄，碰到樹的枝椏便凝成無數白色雪花，散發著冷冽芬芳，那是跟您一樣越冷越開花的梅花。

寫這封信給您，主要是因為這個不知道還有多漫長的冬天，少了您的相伴，夜裡總是輾轉難眠。今天我跟朋友去了拉拉山附近的角板山公園（在桃園縣復興鄉），感覺好美，夜裡又想起了您。

全球氣候異常後，有時冬天會變得很冷，相信您不少朋友最近也都不敢找您，但我是您永遠的老友，就算今天寒流來襲，我在書桌前顫抖也要捎信給您，跟您報告我的近況，向您問安。

冷歸冷，我還是迫不及待地想告訴您今天我的奇異旅程。今早一醒來，我就有一種有什麼要降臨般的朝氣精神，畢竟連續打了五天的領帶，五天的連綿陰雨，該是輕裝出發去嗅嗅像您一般清新勁綠的時候。

果然中午不到，朋友就載著一家大小來接我說要一起去拉拉山，雖然現在並不是水蜜桃的季節，但對每天下班便無所事事，又身心疲累的我來說，何嘗不是除了您之外，另一種解渴的方式。

您在荷蘭阿姆斯特丹誕生前已有了民主議會制，我們的島嶼很特別，就拿我今天去的桃園縣復興鄉來說，那兒是很早很早以前您的祖先，因為一位叫鄭成功先生的人而離開這島嶼時，泰雅族人所住的地方。

在您誕生那年另一位叫劉銘傳先生的人來這島嶼開墾，看見那兒比櫛的山峰如角，河階面平坦如板，就叫那兒「角板山」。

後來許多日本人來，見那兒山明水秀就種植起茶葉，蓋起了很多許多茶廠。到了二次世界大戰之後，有一位老先生到那兒，發覺那兒跟他朝思暮想的故鄉很像，於是把角板山叫成他心中未竟的名字「復興」鄉，到現在我們也有民主議會制好一陣子了。

往復興鄉的路上車裡兩個小孩，一個自始至終都在玩著手上的遊戲機，一個不停對著平板電腦笑。朋友專心開車，我則專心看窗外的風景，山路開始，我就把車窗落下，讓山裡冷冽的寒風吹拂我那想念您的心情。路上時而有小販聚落賣高山蔬菜，中午吃了當地特產，粉紅色山藥做成的煎餅。山區的細雨斷斷續續，看見晴空時，我們也到了角板山公園，是在大漢溪上游的台地。

台地上看河流彎彎曲曲，被層層堆疊的山巒所包圍，就像沒有您的日子每個夜裡，蜿蜒被寂寞包圍的空曠。但仔細探訪就會發覺山林間的別有洞天，也像因為沒有您，我偶爾會發作的明心見性。深深地吸汲深山裡紅檜吐出的高級芬多精，腦袋也跟著輕盈清楚起來，所以說其實您對我的影響是正反皆宜。

角板山公園門口有兩棵合抱榕樹，是我剛提到的老先生和他的夫人所栽植的，走進公園裡頭您會看見梅樹遍佈的雪花世界，綿綿細雨冷落在枝椏上立刻結成白花，地下的白色落瓣像國慶日總統府前無數人海，推拱著梅樹的一身傲骨，寒風冷雨中，盡是純雅的花香。

全麥做得勁綠的您，假如能來這兒沐浴冰凍一下的話，肯定能使您振作精神，凜冽地將勁綠也生成勁骨，在瓶口開出一朵綻放的白色梅花。

這樣講有點奇怪，因為梅花是我們這島嶼的國花，象徵著巍巍大中華。她的三蕾五瓣代表這兒的三民主義和五權憲法，也是一種凌冬耐寒的民族精神。但我想對您表達的是那種君子好友的情誼以及對您的尊敬。

我們的文化裡，梅、蘭、竹、菊是四君子。松、竹、梅則叫作歲寒三友。就是不管是多冷的寒冬，好友雖然無法相聚取暖，不管相距多遙遠都要記得彼此珍重的意思。所以今天下午，在我角質化的心口其實也開出了一朵對您遙思的白色梅花。

角板山公園裡除了皚皚的梅花雪海之外，還有老先生的銅像和行館，一手拄著拐杖一手插腰，孤獨地朝向溪口台地的銅像，銅像下的石台鑲著刻有：「永懷領袖」四個大字的大理石，

那是一個我的父執輩才能了解的複雜時代呀！

行館內陳設著看似簡樸的擺設，老照片裡有老先生跟泰雅族人的合照，對十九世紀末就誕生的您來說，那應該是地球另一端不相干的事，不過我希望您能知道世界的距離是越來越近了，現在點下滑鼠，馴鹿動畫就會駕雪橇戴著芬蘭的聖誕老公公前來，所以讓住在歐亞大陸西北海邊的您，多了解一點歐亞大陸東南海邊的島嶼，應該也不壞。

走出行館到公園內的思親亭，是一個六角形平頂的建築，六根石柱六張石椅中央一面石桌，像極了雪花結晶的樣子，彷彿就是用顯微鏡觀看公園內雪白花海的一隅，大華麗當中的小晶瑩。與朋友一家在亭內玩起撲克牌，黑傑克的蹺鬍子不時還卡著不想融化的白雪花朵。

不好意思！跟您哈拉這麼多，眼看我這邊快天亮了，您那邊應該天黑了吧！不過我接下來要跟您說得才是重點，因為我今天在角板山公園發現了一個秘密地道，寬敞的圓拱形地道，頂上有一根通氣用的大鐵管，壁面上有小朋友彩繪的圖案，有幾盞日光燈一閃一閃地，通過其中，我終於知道每次與您對飲時，您都不發一語的原因。

其實我在寫這封信給您的時候已經打開您的瓶蓋，正冒著白色碎裂泡沫，像穿越角板山公園地洞那樣進入您的瓶身。

原來，百餘年來我們都這樣解釋逃避的美麗，用雨傘、防空洞，或酒杯。

然後繼續在冷落中莊敬自強。我說得沒錯吧！

願 酣暢淋漓

您永遠的老友敬上

## 後記

山上有水，蹇。君子以反身脩德。上水下山。山高水險，山石嶙峋，水流曲折。喻人行路艱難，修業不息。"九五"及"九三" 剛正均陷於坎險之中。受小人包圍和欺凌，處於涉濟艱難之境地。《序卦》：乖必有難，故受之以蹇。蹇者，難也。

文中：親愛的海尼根先生，天氣越來越冷了，似乎要和您暫時告別了。或許在卡夫卡小說裡，才能再找到像您一般的勁綠。想學史懷哲先生那樣去非洲草原做一些像樣的事，卻依然碎裂地在城市的各個角落，撐著傘，或淋著雨。便是形容「蹇」的狀態。或用以〈lock〉(quandary)。說文解字：𡯁、蹇也。是爲轉注。𡯁、曲脛也。

我的老外朋友寫了封 Email 給我，雖然只是簡單的辭彙，我還是得拿起英漢字典確認他寫了些什麼給我。他說他看見 CNN 報導台灣的新聞，很想念台灣，還提到那年在海邊與我一起喝的啤酒。

那是三年多前的事了，那時候我做了好幾年的業務工作，正覺得力不從心，於是請了一個長假，到島嶼的各處流浪放逐自己。在台東東河鄉依山傍海的都蘭村住了應該有一個禮拜。

每每在都蘭山上遠眺峰峰相連的中央山脈，自己就變成一隻大冠鷲。翱翔在花東縱谷廣闊的平疇綠野，飛越都蘭山，往太平洋天空劃一道弧。再次確認自己擁有翅膀跟利爪鉤喙的真相，領略當中的山、海、島嶼。

http://
**利爪鉤喙．台東都蘭灣**
.com.tw

N 22.832153,
E 121.185709

忘記是第二天還是第三天，我發現了一個秘密基地。在半月型的都蘭灣的北邊，都蘭村的南邊，有一個天然形成的狹灣，叫做「加母子灣」。

許多老外年輕人把一間原本廢棄的水泥小屋改建成一個潛水風帆客的酒吧，穿著比基尼碧眼金髮的曼妙美女穿梭其中，用蘭姆酒調製的雞尾酒供不應求。中午前就開始放電音歌曲，中午過後，炙熱太陽要躲進中央山脈後面的時候，就會放一些慵懶的音樂。

健美的年輕人有些墊著浴巾躺在水泥地上，有些則在傘桌下的帆布躺椅上略作休息。我已經衝玩了兩趟浪花，正在酷暑中啜飲冰涼透心的金牌台灣啤酒。

老外朋友拿著板子坐於我同桌，由於我

的英語不好，所以極少主動與老外交談，自己仰天灌了一大口將啤酒喝乾，想起身要進入酒吧內買酒好避免尷尬。

老外朋友突然用英文問我還要喝啤酒嗎，我頓了兩秒，將手中的啤酒搖晃了一下，他隨即進入酒吧內拎了兩瓶海尼根出來，又用英文問我打哪來，我說從台北城市而來。

他把海尼根遞給我，當我還在忐忑接下來萬一要是聊開，我那不到一百個單字組合的破爛英文該怎麼拼湊，老外朋友居然中文問我：「怎麼到這裡？」

鬆了一口氣，但我竟答不上口，心想他問得是我為什麼來這？還是我怎樣到這？後來我說：「為了海洋、為了啤酒才來到這的。」隨後舉起酒瓶乾了一口，他望著海也笑著喝了一口。

那天我們從黃昏喝到入夜，大概有十來瓶的海尼根，我的英語流利起來，他的中文也變得字正腔圓。

隔天近午與老外朋友一起吃完美而美的三明治早餐後，又一起追逐起加母子灣的浪花，他說：「你們真幸運，有這麼棒、這麼美的地方。」他是開放後的東歐人，他的家鄉好像沒有海。

他說已經在這住了兩個多月了，很捨不得離開，但因為簽證的問題必須要離開，我們互相留了對方的 Email，他說他下一站要去澳洲，但很快會再回來這兒，要 keep in touch。

我開車送他去台東市區的火車站，途中經過一處掛滿抗議白布條的工地，他說之前他來的時候，那裡還有美麗的沙灘。

這次來卻被工程的鐵籬笆圍了起來，準備要蓋飯店，「你們真奇怪，硬是要蓋一個水泥大房子在海灣上！」他露出百思不得其解的疑惑神情。

我說：「那房子雖然離海很近，但一點也不奇怪呀！台灣有私人海灘的旅館、酒店很多呀！」他又說：「這兒的海是很珍貴的寶物，不該屬於人的。」

到台東火車站，幫他下行李，我們給了彼此一個擁抱，他拍拍我，好像早就看出我那時的憂鬱心情，說：「記得你能擁有的，好好珍惜。」

看著他的背影進入剪票口，那時的我確實擁有翅膀和利爪鉤喙，不過他說的或許是能在上自由飛翔的海洋。

後來在都蘭村又住了幾天，才知道掛滿了很多抗議白布條的地方是要興建「美麗灣渡假村」。那真是一個擁有美麗海景的海灣，都蘭灣南端的杉原海邊，是呈緩弧形金黃色的細沙海灘，也是東台灣難得的沙灘。台11線遠遠看去就像半輪潔淨的月，靜靜地躺在太平洋極藍的水床上。

怪手跟水泥灌漿車在工地綠色鐵圍籬內，為了地方繁榮和拓展觀光正積極地建造美麗。鐵圍籬上白布條寫著「抗議未經環評開發 BOT」。有一條白布條被風吹落一半，只看見「反美麗」三個字，是嗎？假如真的美麗，為何要反對。

經過了三年多，我飛翔的年少也倒回了社會化的本身。有次去花蓮泡溫泉，順路再次來到都蘭，整片五層樓面海的觀景渡假村，跟旁邊成群的 villa 渡假小別墅已經完工了，但斑駁的鐵圍籬還是罩圍住整片美麗沙灘。

沿途海岸這次颱風帶來的漂流木大隊，在都蘭的海灣達到最極致。台11線遠遠看去就像一輪月偏食的奇異圖像，島嶼跟太平洋中間，佈滿密密麻麻的黑色小蟲，啃食著島嶼，也霸佔著太平洋。

杉原的民宿老闆說當初渡假村的財團為了規避環評將大工程分期開發，每一期小工程都無需環評，環保人士跟居民們奔走抗議了好幾年並提行政訴訟，後來法院判決其建照無效。目前縣府還在上訴當中，所以渡假

村一直無法營運，變成了大廢墟。

颱風過了很久以後，大量的漂流木最後還是填滿佔據整片都蘭灣。早蓋好成排的渡假村，像漂流木海裡的末微上棲停的蝴蝶虹吸的口器，吸取島嶼的體液，黑色大翅膀覆蓋大海的藍。

我實在不忍告訴我的老外朋友那怵目驚心的模樣，我回信告訴他「我也一直記得那年的海灣。

那是我們一起擁有過的美麗，世界很大，世界沒有對美麗的共識，只有自己眼睛裡的世界，才能選擇所要的美麗。期待再見到你在海邊喝啤酒，請保重。」

寄出 Email 後，我又在寄件備份匣裡再看一次，看到放空又回想了許多當年，發覺忘了告訴老外朋友：

「那年的海很空，裝得下很大的夢想，大冠鷲在都蘭灣的天際翱翔，以為自己的器官能容納更大的理想，想將大海裡的所有吞進肚裡，於是鳥變成了島，島穿上了衣裳，卻讓真的美不翼而飛。」

信都已經寄出去了，當然無法收回來重寄，好像美麗海灣上的廢墟房子，一直靜靜地在那兒，要不回原本的樣貌。

## 後記

山上有火，旅。君子以明慎用刑而不留獄。山上有火，宿營也，故爲旅。山爲艮止，爲審慎，離爲火，爲光明，內審慎而外光明，喻之以立下判斷之象。旅的精神是不羈留，所以不留獄。《序卦》：窮大者必失其居，故受之以旅。

文中：「那年的海很空，裝得下很大的夢想，大冠鷲在都蘭灣的天際翱翔，以爲自己的器官能容納更大的理想，想將大海裡的所有吞進肚裡，於是鳥變成了島，島穿了衣裳，卻讓真的美不翼而飛。」。便是形容「窮大者必失其居」，旅的樣子。或用以〈go〉(journey)。說文解字：軍之五百人爲旅。从　从从。从，俱也。从　者、旌旗所以屬人耳目。

赤
http://
浮光剪影．
台南赤崁樓
.com.tw
N 22.997538,
E 120.202489

樓
請勿觸摸
NO TOUCHING

記得妳說在西雅圖跟那年的台北很像，路面總是濕答答的，經過身旁的人總是濛濛的。那時的我總是聽不懂妳對季節和感情的敏感，只是笑著伴走在妳身旁，一直到了很久以後，我才真正知道妳當時的心情和話裡的含意。

雨霧中我們走丟了彼此，留在原處的自己以為能望盼到妳，不知道那時的妳也在原處等待，於是……。

那天妳來公司找我，其實我早就注意到妳手機上吊著的是上星期，妳帶著 SOGO 二樓餐廳外帶鋁箔盒義大利麵來我家找我，然後我們一起去西門町拍的大頭貼，在妳手上晃呀晃的。妳說要去妳台南的老家，我說好呀！就這個假日吧！

高鐵高速行進的貼背感，像被妳押入一張妳編織綿密的網裡，不管過了多久我怎麼用力掙脫，都無法將自己巨大的身影穿過那張網。

到台南妳外婆家的時候，三舅舅正烹調著一桌子的美味，油的發亮的白斬大土雞、噴著九層塔香水的紅燒田螺，還有外婆說不想吃其實是想把好吃的留給客人的烏魚子和不知名的深海魚。

台南的夜空很清，也沒有任何重量。點綴用的稀星在晚霞的裙擺邊搖曳。

白天是曬穀場，晚上是大夥聊天納涼的三合院前庭，擺著舅舅們特製二十人座的組合式大桌子。桌子上滿滿的菜餚，像一路上聽妳說得豐富的童年一樣，好吃又新奇好玩。和妳舅舅們豪飲著加了冰塊的玫瑰紅。

台南的夜幕很柔，裡頭藏著淡紅的溫馨。妳說好久沒有到過情人夜市了，說這回難得回台南，一定要去，還淘氣地說情人夜市是為情侶專設的。

琳瑯滿目吃的、喝的、穿的、玩的，都在偌大廣場的攤位聚落，周邊醒目的汽車旅館招牌，曖昧的情趣字眼，挑逗著情人夜市裡的偶數人口。

深怕被人群沖散，緊握著妳手的我的手，也沁染出愛情的相對濕度。吵雜人聲與攤販油煙讓我跟妳更確實地感受對方的存在，還有那一絲如果走丟就不再擁有的愛意。

那夜三合院的蟲鳴聲隨著夜晚涼風忽高忽低，此起彼落，襯托著沒有說話的我和妳不自然吞嚥的口水聲。我沒有說話，妳也沒有說話，好想知道那晚妳沒有說出口的心中秘密，是什麼？

醒來後，沿著妳小時候每天騎腳踏車上學的路線，妳既興奮又像是不久前才發生般地介紹著。這是以前妳每天上學前都會報到的早餐店、媽媽總是帶妳來洗頭並請阿姨一定要幫妳綁個可愛辮子的美髮院、還有一塊錢可以買五顆巧克力糖的雜貨店、廟口外公每天準時光臨的下棋廣場。

那些好氣又有趣的在妳上揚嘴角說出的鮮明記憶，我彷彿微弱地身在其中。像妳說那個曾經

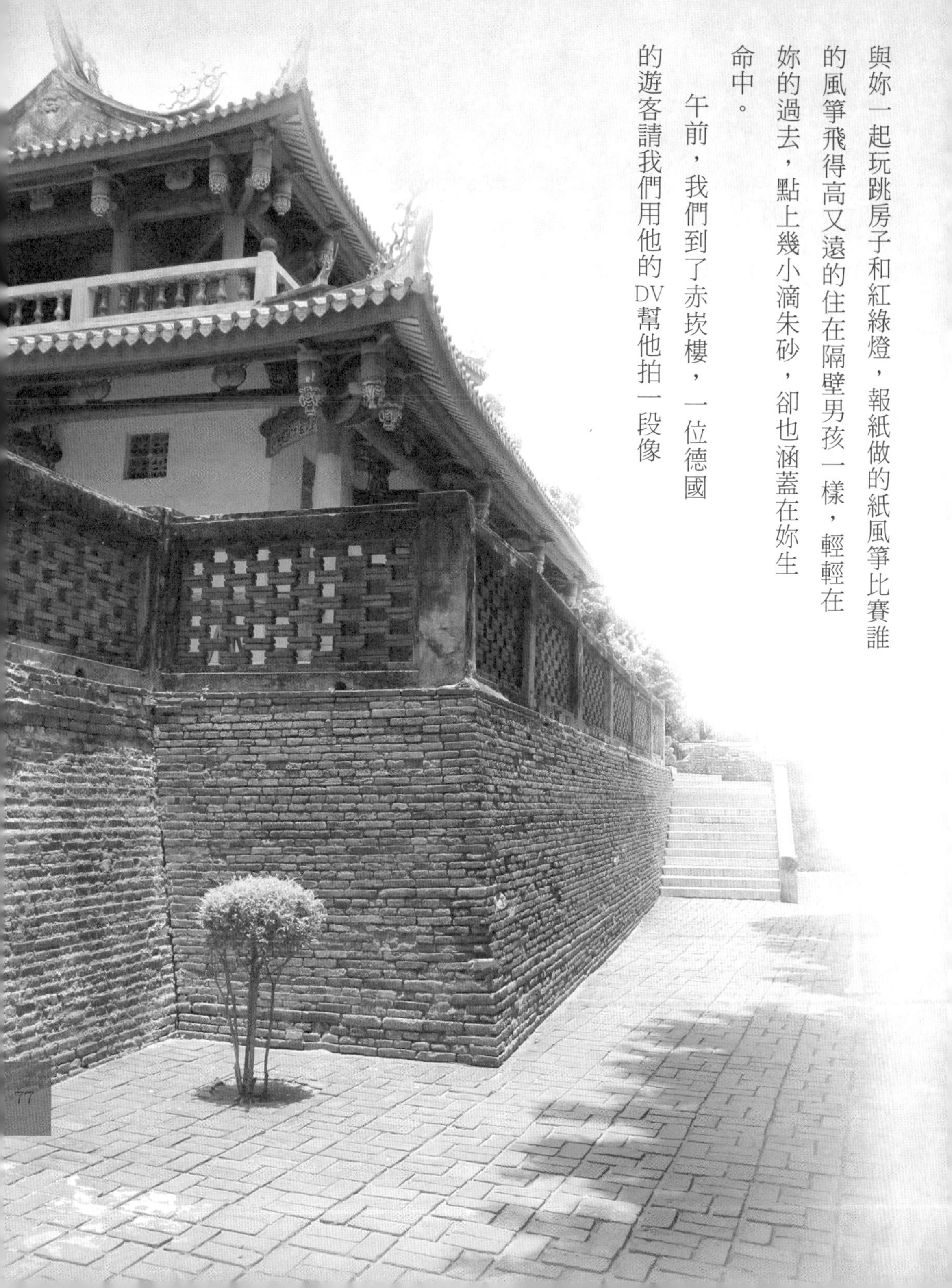

與妳一起玩跳房子和紅綠燈，報紙做的紙風箏比賽誰的風箏飛得高又遠的住在隔壁男孩一樣，輕輕在妳的過去，點上幾小滴朱砂，卻也涵蓋在妳生命中。

午前，我們到了赤崁樓，一位德國的遊客請我們用他的DV幫他拍一段像是環遊世界的紀錄片。鏡頭中的他自言自語地介紹有關赤崁樓和荷蘭的關係，幫他拍完後，牽著妳的手瀏覽著盛衰歷史的種種。

是否那時的我們，也身在輪動的歷史裡呢？回頭，看見那位德國遊客還拿著DV對著我們。

赤崁樓的剪影是我們，還是我們的剪影是赤崁樓？或許哪天在國家地理頻道裡，能看到那天陽光正對著我們的背影。

妳現在還好嗎？

西雅圖一樣多雨嗎？

台北的陽光剛剛才探出頭來，看見那朵輕柔的雲就想到台南的風，陽光正對著我們拉開了彼此的身影，那些台南關於妳的許多人、許多情、許多味，都一直縈繞著我，讓我的手心裡總是濕答答的，經

過身旁的人總是濛濛的。

我的手心裡一直緊握，放不開的是：那條關於

妳的分岔感情線。

## 後記

天下有風，姤。后以施命誥四方。上乾下巽。乾爲天，巽爲風。天下有風吹遍大地，陰陽交合萬物茂盛。

姤，柔遇剛也。有邂逅遇合的意思，也有交媾的意思。《序卦》：決必有遇，故受之以姤。姤者，遇也。陣陣徐風吹來花粉種子，在某地遇合就開花結果了。

文中：深怕被人群沖散，緊握著妳手的我的手，也沁染出愛情的相對濕度。吵雜人聲與攤販油煙讓我跟妳更確實地感受對方的存在，還有那一絲如果走丟就不再擁有的愛意。便是一種遇合，「姤」的樣子。或用以〈join〉(intercourse)。說文解字：偶也。从女后聲。

http://
海底寶藏．
澎湖
.com.tw
N 23.511934,
E 119.598649

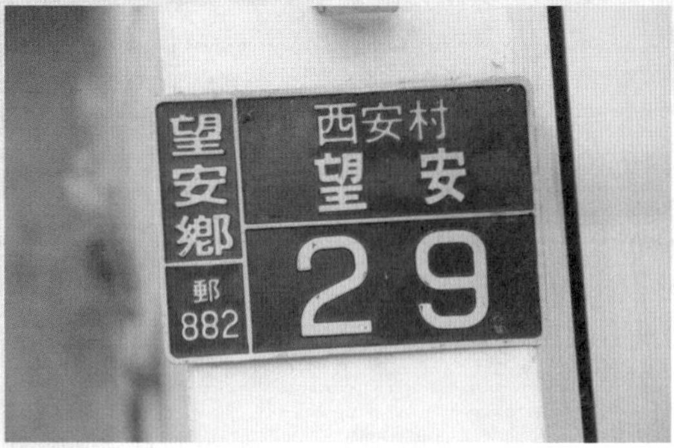


呂教練在講台上解釋水中壓力造成的物理變化，止在白板上圖解潛水裝備的功能與用法。我坐在學員的位置，想像在深深海底太空漫步著，隨著深海的暗湧，輕飄飄地帶過來，全身沒有一丁點兒重量。又厚墩墩地推過去，全身都是海洋無比的重量。

介紹完潛水裝備後，呂教練說其實潛水是非常容易的，任何海岸邊背著潛水裝備跳下海裡就可以，重點是要怎麼上岸。也許下水處跟地面一樣高，但是因為潮汐的關係，等到氣瓶裡的空氣用完，要上岸時卻發現原來下水的地方變成三層樓高，上不了岸，就只能永遠地住在無邊無際的海洋裡了。

去年夏天，跟一起上潛水課的幾個好朋友約好一起去澎湖玩，才真正見識海洋的深

魅，甚至還喜歡上潛水，享受那全然地沉淪漂盪，然後順著洋流的路徑，越潛越深，越潛越深，直至最海底放縱輕盈。

飛機在馬公機場略帶震撼地降落才停下來，大夥好興奮，太陽眼鏡、防曬油、大草帽都先拿在手上，準備迎接會刺眼的海和映著海的太陽。

預訂的飯店派來一輛九人座的廂型車，我們用滿心期待將車子給塞滿，到飯店的路上經過像防風林一樣的荒蕪才到熱鬧的馬公街頭，進飯店整理一下，天已經微暗了。一位女生朋友的男朋友像第一天上幼稚園的小男孩一樣，面對什麼都覺得好奇，似乎澎湖是他最初的家，童言童語地囔著只有他們倆聽得懂的愛情語言。也好笑也好玩。

「今天大夥難得聚在一塊，一定要好好喝兩杯慶祝一下！」男孩像講口頭禪那樣，滑溜地如此說道。

海產店內桌上滿滿的菜餚，有旭蟹米糕、三杯鳳螺、涼拌河豚皮、海鮮羹、沙拉佐中卷，道道都是美味，啜飲著冰涼沁心的台灣啤酒，這是由幾十個小島組成的澎湖最在地的體現。

男孩在席間說了幾個蠻冷的笑話，不過佐著沙拉醬，倒也頗新鮮。大夥微醺地聊著明日的行程，說浮潛人人都去過，不如來體驗真正背著氣瓶到深海裡瞧瞧。餐畢男孩真的就領著大夥去潛水店詢問，體驗潛水可以不用有潛水執照，一人配一位教練，費用是2500元，浮潛則是一人600元，大夥心裡打著各自的算盤。去馬公港邊討論一下，海洋群島的星空下，看著漁船進出港，進港的是漁獲滿載的船，出港的是帶著千百個巨瓦燈泡的補烏賊船。只要在近海打開強力明亮的燈，利用烏賊的趨光性，便可以一網打盡那剛剛還在嘴裡的沙拉中卷。

大家的話題像還沒打開趨光燈似的，有一搭沒一搭的，有人眺望著遠方，有人還在講電話關心台北的業務進度。

男孩起身像是要打開大家心門似地宣告著：「喂！現在是在澎湖耶！我們看著星空，也在星光裡輝映著此情此景，說不定在幾千萬光年以前就安排好此時此刻彼此交會的光芒，到底要不要

留下美的記憶在這兒呀！」說完便向遠方的外海大喊外婆的澎湖灣我來了之類的話，大家怔了怔彼此，好像男孩說的頗有道理，又買了幾打啤酒玩起團體遊戲，還說了許多各自對未來的心願。

回飯店的途中聽見男孩對女孩說：「這才是澎湖嘛！」聽說他們在一起好幾年了，男孩是個對未來極度樂觀的年輕人，一直有著聽起來漫不經心的遠大抱負，女孩則是唸私校長大的名門之後，留學回國後也有安定的工作，兩個人看起來也蠻搭的。心想他們的未來應該也有相當程度的能見度吧！不像我老是對著不同的人，說辭不達意的話。

翌日騎著租來的 50c.c. 摩托車，像路上的仙人掌對抗風沙一樣，沿途連綿的石砌圍牆也是為了抵擋澎湖的強風。而我清楚地知道自己並沒有那樣的牆，在烈日下感受一個人騎摩托車的小小寂寞和些許斑駁。所幸跨海大橋連繫著我永不放棄的希望，白色巨大風車轉呀轉地用大自然的力量納為己用，我也跟著上好自己的發條。期待海洋的澎湃。

跨海大橋不遠一個叫做通樑村的地方，有棵極大的榕樹有百支分根，每支分根都長得像主幹那樣粗，蔭翳著一大片納涼廣場。大夥在榕樹廣場的小吃店吃了簡便的滷菜午餐。吃完躺在樹蔭的長椅上，心裡想著這棵極大的榕樹是怎麼長成的。

新生的樹鬚細細垂離地面還有一大段距離，汲汲營營地尋自己的落腳處好紮根成長。生命的程式設計總是如此渴求著與誰十指緊扣。

午後到了潛水店時，教練指導大夥配上潛水裝備往深深大海去。十幾公斤的裝備一沉入海，便連同身體的重量全被海洋包容去了。遨遊在海底二十米處優悠地當起海中霸王，蝦兵蟹將任候差遣，不知名的成群小熱帶魚也圍繞身旁逢迎諂媚，只消稍微手一抬起，龍心不悅，將相百官都驚慌失措溜為上策。只好再往水泥消波塊底下召喚我的後宮佳麗。

誰知道暗湧地一股洋流，刷一下把我送到寶宮的門外。在愛情的海洋世界裡，人們總是輕易地愛上這無重力的自在華麗，忘記背上氣瓶所剩無幾的空氣。

尋見海底離身不遠的夥伴，男孩指著像是藏寶地點的地方要讓女孩看，女孩自顧自像怕被父母發現衣服髒掉而掩飾地調

整身上的浮力衣，沒注意到這珍貴的秘密。或許男孩那照顧和分享的畢生心願，就像那個寶藏到最後再也沒有人能發現，畢竟大海是如此的遼闊。

教練帶我們上岸後，大夥迫不及待地講述每個人在海裡的驚奇，好像與大海的戀情還在進行。大海沒有隱瞞或反駁當時親密交融的感動，也持續寧靜地接受天體引力與地球公轉間的必然離心力。

讓當時洋流緩緩帶走其中記憶，讓莫名暗湧悄悄沖刷當中秘密。如此充實又飄渺的海洋國度，大夥離開後不禁淺淺地失落，又再度感覺起自身的沉重。深邃的海洋究竟是由無數水分所造就。

那夜，帶著泡麵紙箱拆解的厚紙板到馬公機場旁的隘門海灘，仰躺在沙灘的厚

紙板上，夜空中盤旋的飛機是慧星，在宇宙軌道上竭盡所能地發出一次又一次的光芒，雖然那信號燈間明間滅，不也正在離開原處去遇見任何可能。

飛機裡頭有的可能是想給自己一個沒有地心引力的假期，有的是出門在外已久終於回到家鄉的，更有許多關於情感的種種早已在滋長或剝落。

人們在飛機升空不久即大弧度轉彎的時候，看著這樣一個島。我在空中的飛機下方望著密密麻麻黑白閃爍的誇張星空，像開著電源卻沒接上天線的電視螢幕，沙沙沙聲地等待接通。

澎湖的海洋陸地天空三個不同的使用者帳號，登入後有三種不同的作業系統，分別是漂流、紮根、飛翔。不過際遇常常

讓每個人的順序不一樣，甚至只在某個板面裡無法昇脫。

同伴們一對一對的聊著一些私密的話題，一切都美妙地發生著。一群大學生在

沙灘上放一下子就熄的廉價煙火，大學生們熱切地對其中一位大喊著「生日快樂」，男孩和女孩不知道在聊些什麼感性的話題，只見男孩忽然起身，走向大學生們對壽星說「今天是妳生日，我祝妳假如走進別人的生命裡，妳會是那生命最好的禮物。」，話一說完，大學生們崇拜地尖叫，問男孩是不是上天派來給壽星的男朋友禮物，男孩則是牽起女孩的手說：「我已經有了最美好的禮物，在這兒。」。大學生們生日蛋糕的燭火插在那晚的月亮上，海浪聲是一首美妙的生日快樂歌，我想真心地祝福那位壽星，還有男孩跟女孩。

隔天一早同樣乘坐飯店提供的九人座廂型車去機場，車上多了的是不會被時間改變的微妙記憶，和準備分送親友的黑糖糕和海鮮乾物。回程的馬公機場有小學生樂隊正在練習的鼓聲和喇叭聲附和著敲擊樂器，似乎要為下一班飛機來的貴客做準備，歡賀海洋國境內的慶典，也為我們奏上回台北後展開全新生活的序曲。

飛機升空沒多久大弧度轉彎時，我又從窗戶望了望逐漸縮小的海灘，那兒的潮間帶，存著一些濕潤且淡淡的夢。

上禮拜接到澎湖一同體驗潛水好友的電話，說要不要一起去考個潛水執照，說不定以後可以像日本電視節目那樣，和同伴一起在無人島潛入海裡捕鮮美的魚來吃，感覺好像蠻不賴的，於是和好友一起來上呂教練的潛水課。

下課閒聊時聽說男孩和女孩分開了，各自過著不同的人生、看著不一樣的人生風景。我直說怎麼可能？感覺他們蠻登對的，應該是過著幸福快樂的日子那種，好友回答說童話故事也有結局變成海水泡沫，更何況在海裡，總是要有人先上岸嘛！

「是呀！」我說。

我想起澎湖著名的雙心石滬，把想要的寶藍色海洋留在臂彎裡，卻也留了兩個缺口的沒落，讓想進來的進來，想出去的出去。成就了兩個愛心狀。

有許多人不顧一切地跳下水，卻忘了計算潮汐，循著原路想找原來的下水處，發現地面已經變成三層樓高，再也上不了岸了。那麼就只得告訴自己：像天人菊巴著澎湖的土地那樣，就住在海裡尋找有一天一定會找到的寶藏。

## 後記

風行水上，渙。先王以享于帝立廟。風在水上行，推波助瀾，四方流溢必渙散，看見這現象從而享祭建廟，開始思考關於時機的問題，也就是渙奔其機之道。

如文中：也許下水處跟地面一樣高，但是因爲潮汐的關係，等到氣瓶裡的空氣用完，要上岸時卻發現原來下水的地方變成三層樓高，上不了岸，就只能永遠地住在無邊無際的海洋裡了。

《序卦》：說而後散之，故受之以渙。渙者，離也。

文中：誰知道暗湧地一股洋流，刷一下把我送到寶宮的門外。在愛情的海洋世界裡，人們總是輕易地愛上這無重力的自在美麗，忘記背上氣瓶所剩無幾的空氣。即是「渙」的描述。或用以〈wave〉(disjunction)。說文解字：从水。奐聲。分散之流也。

http://
泛紅抽水站．
雲林台西
.com.tw

N 23.721417,
E 120.173714

台灣的威尼斯是雲林縣的台西鄉，這兒的土地正以每年三公分的速度向下沉，只要雨下得稍微大些，所有房子便半身都浸泡在水裡，想瀏覽在地雋永藝術的畫作，或許就得雇像貢多拉那樣的小船來運載旅人期待巧見的心願。

台西鄉有一座媲美聖馬可大教堂的大廟「五條港安西府」，廟門向著西南，負林面海。遠遠地在縣道上會先經過一個宏偉的牌樓。再往前走就看得見約二十米的大旗竿，立在安西府門旁，靠近之後就會發現整座廟宇精工細琢，兩旁大石獅護衛，龍柱擎立氣勢恢宏，進入廟裡更是置身曠世鉅作之中。

一對八角柱上刻著「安睢陽千古精忠留史蹟，西五港萬年禋祀顯神靈」，後面還有栩栩如生的花鳥柱，仰頭一看深厚的八卦藻井更是華麗無比。達文西先生再如何地精密計算暗藏設計，也想不到萬里之外一個近海鄉村獨特的文化藝術，有跟他的華麗傳世教堂一樣的下沉命運。

雙掌合十入境隨俗地拜神龕內的張李莫三府千歲，門口那根大旗竿豎立已一百四十幾年了。

經過路旁大排，幾根大小水管抽洩著狂奔的水。民房每一棟都像是在沙巴海邊的高腳屋，穿著恨天高的厚底

高跟鞋。門前都有水泥做的大斜坡，門檻都設有水閘門，門口堆著許多沙包，不斷填高地面的結果就是天花板跟腰際一樣高。蹲在家門口抽菸的阿伯，不防戒的眼白黃黃眼神，是一種習慣忍受的疲勞苦悶。

道路兩旁整排的木棉樹規矩地手牽著手，水塘裡的打水車不停地轉動拍打水面，濺起的白色水花像是想說些什麼又不知從何說起。停下腳步看著穿著雨衣的阿伯在魚塭中「牽魚仔」，將文蛤池中除水藻跟害蟲的虱目魚，用罟網趕到隔壁一池的魚塭。

問起佇立在旁邊手拿著漁網工具的兒子，原來養殖池是要用淡水才可以保持潔淨，因為自來水不敷使用，所以廣大魚塭的水都是抽取地下水來調和，我說這樣一來會造成地層下陷呀！

他說當初他們開始做魚塭養殖，是配合政府的政策和輔

導，才轉型為養殖業，所以這附近無際的魚塭方池才呈現在這兒！阿伯在池裡揮舞著汗呼喚兒子，打水車的聲音原來那麼不清楚該在乎什麼。

不遠處路底的魚塭正在熱鬧著，繞路去看，塭內兩輛像犁田車半身在水裡的收穫機，讓戴斗笠的老婦人熟練地操作，鏟挖起的大量文蛤，放進膠筏上的大塑膠籃，用架在池邊的鐵竿繩吊起來，準備戴回篩選大小等級，清洗吐沙，用編織袋裝好，再運到島嶼上的各個菜市場，加上薑絲，放在我們的餐桌上。

坐在土堤上不知道多久，看著雲一直不動的天空，水池裡忙碌的人。大塑膠籃裡文蛤的鰓不時將體內的水吐射老遠，就像把淹進家裡的水用畚箕那樣厭惡地往外潑。

走回老街的大路，要去島的極西，才走沒幾步路，已經被巨輪火紅的夕陽吞噬了，再繼續走肯定會進太陽的內部。

記得曾經在日本的畫廊看見一幅「茜之道」的畫作，畫得是夕陽「西」下時的山間的道路，兩旁叢生的雜「草」被

照得無比焦黃，是「艸」在「西」下黃昏山間「道」路兩旁的落寞畫作。

如果照這邏輯，正在夕陽正中道路兩旁都是水塘的我不就應該在「『洒』（灑）之道」的畫作裡，洒落一地醉紅心意。如果再加上大地上獨走的我「一」人，不就在「『酒』之道」的畫作裡了，被夕陽弄得微醺，不知道自己在胡亂想些什麼。

看見海的時候，同時也看見台西海園觀光區的「福海」巨大標誌，是一個約十米高的半圓球體，與沒入台灣海峽的夕陽相輝映，一種海豐漁火的感覺。走入一看球體像厚蛋殼，殼的表面有許多釉燒的陶瓷螃蟹和魚。蛋的中心有一個海螺石雕，被遊客塗鴉畫寫上許多名字日期，油污裡的水島那樣無法掙脫自己。

「福海」巨大標誌的球體，像這兒有每天想躲也躲不掉的巨輪太陽，週而復始地點亮水塘、吹熄海洋。也像台西海口人純樸粗獷的毛細孔上映著火紅的安靜汗珠，每天細膩刻苦地將海洋燃燒殆盡，然後再繼續期待隔日新的海洋，所以才在這裡誠實地道出自己。

再往底下海岸走就是五條港舊碼頭，介紹牌寫說五條港舊碼頭在清朝時，是島嶼中部的天然良港，商船絡繹不絕，光緒時因為草嶺潭發洪水將港口填埋，就風光不再了。

我想像島嶼的世紀身世，望著身旁沿海內陸造起的海埔新生地，眼前麥寮的多根煙囪終日不斷地冒著煙，像安西府正殿香爐裡的裊裊焚香，是天地之間的輸送帶，那麼如此插管治療的島嶼，可以把點滴管線拔除嗎？可以將天公爐裡的願望上傳嗎？

台灣海峽泛紅的夕陽是畫作裡的抽水站，不停將我浴缸的眼眶，抽取殆盡，乾乾的，這兒的濕地那樣皸裂。

## 後記

明入地中，明夷。君子以莅衆、用晦而明。離下坤上，明入地中，晦是用模糊的態度，但內心其實光明，以不察察爲明，體認大眾不安之心，感同身受不批判，慈悲油然而生，是爲君子之傷、君子之明。

《序卦》：進必有所傷，故受之以明夷。夷者，傷也。

文中：我想像島嶼的世紀身世，望著身旁沿海內陸造起的海埔新生地，眼前麥寮的多根煙囪終日不斷地冒著煙，像安西府正殿香爐裡的裊裊焚香，是天地之間的輸送帶，那麼如此插管治療的島嶼，可以把點滴管線拔除嗎？可以將大公爐裡的願望上傳嗎？意即明夷之傷、明夷之明。或用以〈sink〉(wound)。

說文解字：从大。从弓。夷、平也。

http://
# 白頭翁．高雄鳥松
.com.tw

N 22.656037,
E 120.35428

身在湖光山色的潑墨山水畫裡，彷彿自己是個文人雅士，嘆詠湖邊花卉的心曠，湖面綠意的神怡。

遼闊的澄清湖映著天地之間相互瞭解關懷的心，是一種安靜的親密關係。

很久很久以前有一隻白頭翁，像現在的秋冬之際，在這兒一棵高大的雀榕樹上，用許多細軟的草根和相思樹葉築巢，為得是巢內那三顆淺褐色有棕紅斑點的蛋。

白頭翁每天親孵，細心照顧兩個多星期後，蛋裡的幼雛破殼而出，呱呱呀呀地，白頭翁每天得四處尋找食物昆蟲來餵食，餵養了兩個多星期，那三隻幼雛就可以離巢飛出，飛經湖面去成立另一資源環境。

成群水鳥在眼前湖光山色掠過，我已由中興塔步下。磚砌的湖邊花徑中，悅耳悠長的畫眉鳴聲在花林間此起彼落。另一邊小山丘上的橡樹群，伸長身子汲取湖的水分和陽光。

不知怎地想起小學的某一個早晨，父親為了趕在上學前煮好早餐，用壓力快鍋煮綠豆湯，鍋上的氣栓隨著鍋內壓力的水蒸氣不停地上下擺動的景象。

清澄的湖面就像快被煮沸那樣，由心底冒起許多漣漪，將記憶弄皺又浮現。

後來那鍋綠豆湯，濺得廚房牆面全都是綠豆渣，因為父親怕我們小孩上學遲到，把來不及消除壓力的壓力快鍋打開。

沿著花徑走到有偌大停車場的攬秀樓，樓旁有一棵樹齡與民國一樣老的爪哇合歡樹，現在是民國幾年，樹就有幾歲，是辛亥革命那年由島嶼上的日本貴族所栽植。應該算是受日本教育的父親說得「軟土深掘」那型的粗壯樹木，最少要七、八名成年人張開雙臂才能圍繞，如今枝葉茂盛高可參天，各類鳥禽棲息其中。

每個鳥巢都有一個故事，這棵爪哇合歡樹像身懷民國以後的所有故事那樣，靜靜地承載光陰的重量，任由身旁湖水照應看顧。

沿著湖岸道路走到三亭攬勝中的一個八角歇山式的涼亭，遙望湖對岸的九曲橋，湖中不知名魚兒不時躍出水面，點描暈染著巨大時代的點點滴滴。一個漣漪緊接著又被另一個漣漪覆蓋。曲曲折折的九曲橋在對岸明白地表示自己的複雜心事。巨大的湖泊裡頭巨大的食物鏈，將大夥緊緊栓牢，又任其開展，裡面有溫暖、有離別、有期望、有成長，還有自然循環的生命歷程。

白頭翁在風中費力地遨翔，直到湖邊下風處才優雅地落腳。啄食著土壤裡的食物，不曉得有沒有吞進肚裡，又匆忙地飛往湖的另一邊，頭頂那一小塊白色羽毛，是日復一日的辛勞。

湖面不斷上演為愛生存、為生存而愛的戲碼。無論晨曦或黃昏，奉養還是餵養，湖水始終描

摩刻劃著肉眼看不見的風，和風中白頭翁那單薄猶漾
的身影。

環湖的自行車道，一位中年男人的腳踏車前桿上

裝設有竹編的兒童座椅，但孩子並沒有坐在上頭，不知道孩子是在家裡睡覺還是去上學，一個人漫無目的地瀏覽秀麗的湖光山色，騎遠之後才在遠方的水面清楚看見那逐漸變小的倒影，天色的確已經向晚了。

這片大貝殼形狀的湖，早年是曹公圳的支流，為了調整灌溉農田而引儲到這裡，現在沒有農田了，卻還是涵養著天地萬物，蓄著正午的太陽，也蓄著夜晚的星星，沒有請假缺席過。

半圓的澄清湖棒球場鏡射倒影在湖面上，一仰一俯地是所有父親為了孩子所擣願的安心聖筊，也是我對上天的祈求，但願父親能一直一切都好。

白頭翁在外覓食了一天，飛回溫暖的巢，一家人都吃得飽飽的，在夜裡滿足地安然入睡。這樣的一天，假如是一生，那該有多好。

## 後記

澤上有風，中孚。君子以議獄緩死。澤上有微風，澤水隨著風依樣反應風的形狀跟強度，是爲自然而然的誠信如實倒映。湖畔沒有自我跟權威，只依事實深入了解，試著用公平的角度描述自己而已。如文中：清澄的湖面就像快被煮沸那樣，由心底冒起許多漣漪，將記憶弄皺又浮現。後來那鍋綠豆湯，濺得廚房牆面全都是綠豆渣，因爲父親怕我們小孩上學遲到，把來不及消除壓力的壓力快鍋打開。

《序卦》：節而信之，故受之以中孚。中孚卦外實內虛。孚即孵，孵卵出殼的日期非常準確，亦有信守責任之意。文中：這片大貝殼形狀的湖，早年是曹公圳的支流，爲了調整灌溉農田而引儲到這裡。現在沒有農田了，卻還是涵養著天地萬物，蓄著正午的太陽，也蓄著夜晚的星星，沒有請假缺席過。即是中孚以責任爲中心的速寫。或用以〈breed〉。說文解字：卵卽孚也。孚、生也。謂子出於卵也。一曰信也。鷄卵之必爲鷄。䳋卵之必爲䳋。人言之認如是矣。

http://
一顆小星星．墾丁南灣
.com.tw

N 21.95996,
E 120.765085

沒

經過外雙溪至善路的時候看見一家四口共乘一部野狼一二五，中年父親認真的騎著車，兩個小學生的男孩和女孩夾在中間，最後面的媽媽擁著兩個寶貝，還抱著她心中頂起一片天的男人，雙手合圍裡盡是平淡的幸福。他們一家享用著路上的山山水水，連在快車道行駛的我都油然感受到他們一家子的溫暖，忍不住放慢車速看看他們。

對向車道一輛急駛的車子，濺起一片大水花，老爸的臉、孩子的衣服、媽媽的眼鏡鏡片，沾污了泥濘和狼狽，只見老爸先笑起來，一家人就這樣停下機車，在路邊擦拭屬於他們的歡樂。

斜斜夕陽映照在女主人瞇瞇笑的眼廓上，連經過的我不禁也感覺到夏季午後，伴

隨溪流聲吹來的陣陣微風，吹的是安於某種生命歸屬的樂趣。

回程中一個人看著車裡後照鏡的自己，好正經的一張臉，忘了有多久沒好好的笑一笑。想了兩天，把手上的事處理到一個階段，誰也沒告訴就往島的東邊走！記得那有不錯的海。

通過雪山隧道時有種流走在自己血管中的感覺，這樣一直走著，會走到自己的內心深處嗎？

到了花東海岸，海面上已經映著悠悠月光，沿著海岸的台11線，鹽寮、豐濱、成功、台東，鹹鹹的潮濕空氣被高速行駛的風切成一段段，當中濃郁黏膩又逐漸暈開的畫面。

我在移動，往最初熟悉的反方向移動，往海的盡頭移動。乾涸的去脈，我用孤獨與雙眼來開源。

太平洋銀白波濤是被揉皺的意識。有顆渴望家的星終究殞落在海的盡頭，縱然劃過天際時，是那樣認真明確地盡力燃燒指出方向，但還是無謂的過隙。

映在海面上的是我，自己都認不出的一顆小星星。

留宿台東一晚後，因為颱風往綠島的船沒開，不得不再往南走尋找溫暖陽光。到了太麻里，千禧年第一道曙光紀念園區，是數位化的島嶼為了懷念再也不通用的類比式戀情，在此註記的跨世紀感動。

馬路對面是金針山，任憑鐵扇公主怎

麼煽都無法熄滅黃黃滿山谷的火燄，還是沒讓我冰冷的心燃起該有的體溫。

離開太麻里，是島嶼最美的一段海岸線平坦道路。車跟海的距離跟拉鍊一樣，邊開就邊拉上，像在藍藍的大海上開著帆船似，停泊到往南迴公路的入口處，才開始深山蜿蜒的道路。山林中有些許的禪意，雖然有個大貨車司機不斷挑釁尬車，但並沒讓我對他產生敵意。也許是我曲折沒有出口的心，想感覺不是一個人，所以一路上他就變成了虛構的同伴，來認養我的寂寞。

南迴公路末是楓港，多麼詩情畫意的名字，飄泊楓葉停靠的灣港。大貨車司機右轉去高

雄，我則左轉往墾丁，路上滿街的烤魷魚攤，嘴饞地買了一隻烤魷魚吃起來，悶熱的煙幕迷漫燻得睜不開雙眼。在車裡吃到一半竟然下起滂沱大雨，再上路才發現雨刷怎麼刷都刷不清視線。

下著細雨的午後 4:30 墾丁大街，每家餐廳都亮起了燈。明亮的玻璃落地窗內餐桌上擺好的餐具，像在等著某位嬌客上門一樣。街上行人寥寥無幾，連鎖速食店裡裝了一些像參加畢業旅行的學生。逛了一圈海灘用品店跟幾家紀念品店，都沒能讓我駐足逗留，畢竟我才是這街頭的紀念品呀！買了泡麵、啤酒、墾丁大包子回墾丁飯店房間。第一次颱風天撐傘在這應該充滿陽光熱情的地方，夾腳拖鞋裡濕透的腳底板清楚感覺到：沒有一種東西可以永遠

保持該有的姿態。

淋了一個有點過燙的熱水澡，才真正歷經夏季淋漓盡致後的涼爽。海鮮包子裡有干貝、蝦子、鮑魚跟海菜絞肉，住在包子裡的人應該有戴蛙鏡背著氣瓶吧？吃飽後就像是配戴了沉甸鉛塊般地睡著，像鐵達尼的傑克那樣握住什麼，卻沉沒在深深無底的大海裡。

醒來時才晚上八點，吹吹頭髮抹上髮蠟換了襯衫，撐了傘去飯店老闆介紹說不錯的 bar。在門口聽到震耳欲聾的舞曲，本想走進去的，可是我卻步了。我想那是屬於以前什麼都敢的自己，不是現在稍稍成熟習慣無聊的自己去的地方。

後來買了四樣 100 的水果，選了一條

沒人會走的遠路回飯店。回程路上心想：等明天吧！等天氣晴朗一點再找一些需要勇氣的事來做。

聽得到海濤聲的夢裡好像一直做錯事被人討厭，不斷地輪流討好自己和別人然後再做錯事。還好在夢中的責任就是做夢，現實就不是那麼一回事了，催促退房的電話聲鈴鈴響，是該回到地球表面的時候了。幾瓶空啤酒罐在床頭，鏡中刷牙洗臉的自己更顯得陌生，今天的世界又會有甚麼為我改變呢？請鵝鑾鼻燈塔指引我方向！

幾陣狂風伴著細雨，稀稀疏疏興致不減的遊客，在島嶼最南端的鵝鑾鼻。望不盡的太平洋海水波粼，海平面跟灰色的天空完美地切割，仍留在原地不知所措的人，始終跨不過相對規則。

呆坐在名產店前簷下長椅不知道多久，天上的雲飄得很快，一下像超人再起的模樣，一下像阿拉丁神燈，正想著要許下甚麼願望的時候，又變成一副刀叉的樣子，原來是馬斯

洛最基本低層的需求，我餓了好久好久，都忘了需要食物和
某種程度的關愛熱量。

進入恆春市區的餐廳，點了我覺得是全恆春最高級用刀叉吃的食物，是幸福；不再心疼不用分享的幸福，是奢華的幸福。

開車亂繞到龍泉，循著巨大的海浪聲音前進，路越來越小條，開到產業道路再到沒路。下車沿著田埂走，就是一心想擁抱海，走了好久好久，每每看見前方的轉角都覺得過了這個彎就可以擁抱大海。

潮浪聲忽遠忽近，一直走一直走，過了一個長下坡發覺前方還是一座山才決定折返。明明清楚地聽見海浪聲卻還是如此遙遠，有時沒到目的地的回頭也是一種溫柔吧！

回程的景色跟來的時候完全不同，而且美得不像話。為什麼來的時候沒有仔細看呢？池塘邊開的恰到好處的荷花，結成果沒多久的芭樂樹甚麼的，原來我心裡一直只有那個大的不得了的海洋，以致我總是忽略了路過腳邊那麼簡單的美。

停好車在南灣路邊脫光所有，身上僅穿著四角內褲就奔向沙灘往水裡跳。應該是陰天的關係吧！不是那種爽快，而是一種冷冽。冷徹海浪讓最近常整夜睡不著躁熱心情冷靜下來。許多白天黑夜身上的鹹鹹鹽花，拿了路邊攤商家壓帆布的大水箱，打開大蓋子直往頭上淋，就感覺好舒暢。

回到飯店房間簡單把自己理一理，

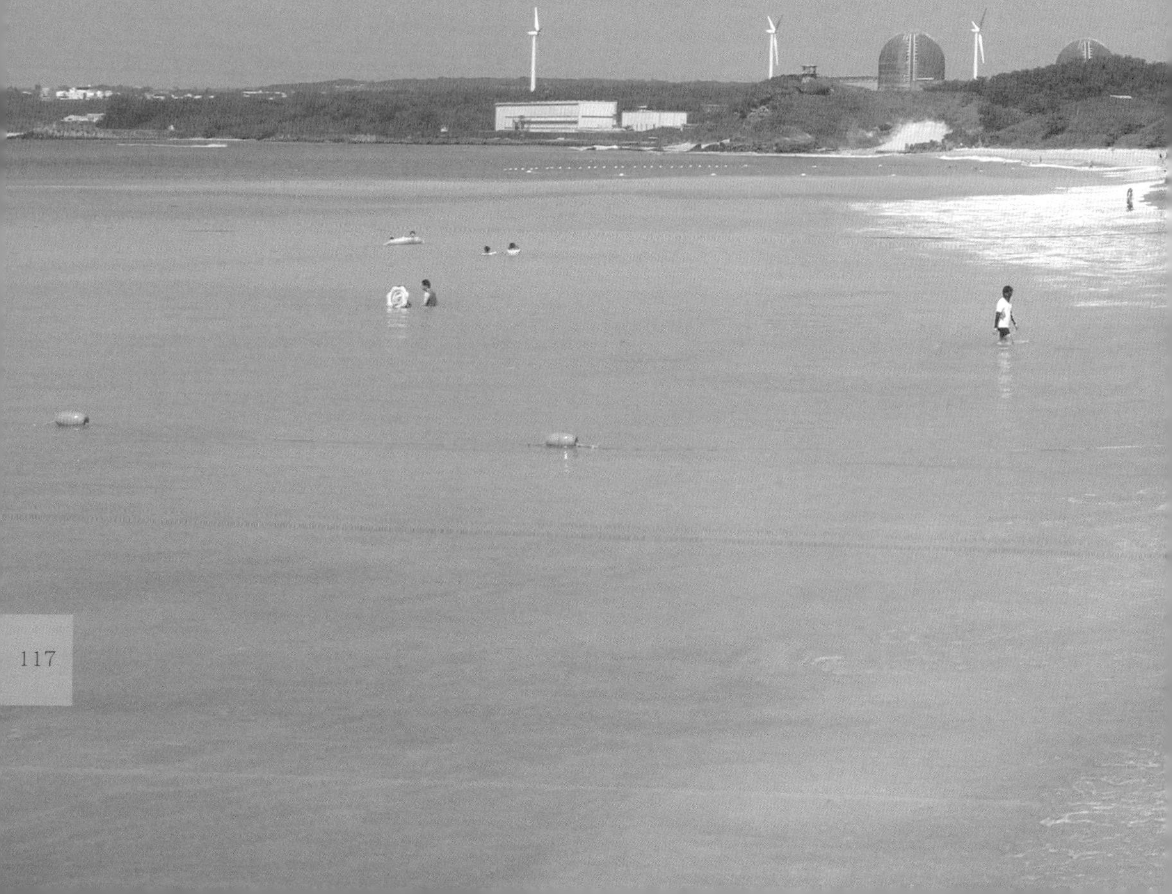

帶了鱈魚香絲、海苔和啤酒，躺在墾丁沙灘的月亮底下，就這樣一整夜或多久都好。風很大很大，大到足以把一身的不快糾結吹散吹乾。

海浪通透的輕快節奏，像某個可愛故事的序曲。沙灘上年輕人正在放煙火又玩仙女棒的嬉鬧尖叫著，我現在在哪呀？這是墾丁呀！在這兒我的責任是笑容，不管是天氣晴還是雨不停，一切都該是美，於是，在這樣夏夜海風中，我對著月亮笑了，這樣的一切真是怡人呀！

夜晚南灣的車子來來往往，有期待陽光的，也有疲累思鄉的。回飯店捨不得睡也喝不完兩罐啤酒的我，在面海陽台躺椅上仰望著潔淨的星空。這夜色好像水蜜桃或芒果口味的哈根大使那樣，口味相當明確地漸漸融化。

早起買了肯德基的早餐後，直奔墾丁國家公園，來墾丁這麼多次沒一次睡醒不是宿醉的，從沒走甚麼正常行程。穿上運動鞋感受山的仁慈，襖熱的年輕也該走向樹蔭下的健康步道。

青色的石板路有股盎然的滄桑，雖然負荷沉重的歷史，也承載了數不盡的幸福。手拿登山拐杖的老夫妻在前方手牽著手，走著穩健的步伐，我小心翼翼的不超越他們。她拿水壺給他喝，他遞毛巾幫她擦汗，一切如此自然和諧，他們好懂得生活跟彼此。

陽光充沛、林間小徑，我也牽起數位相機的手，嘆詠盤根錯節的大榕樹、盛開的花葉、舞風的蝴蝶和以前在深深海裡而現在在山腰上的礁岩，只留下了日光在地上的晶瑩滴滴，證明恆春半島的山和海，曾經彼此相連的親密關係。

今天的南灣，遮陽傘像諾曼第那成千上萬傘兵集中登陸的盛況一樣，是比基尼島原子試爆也不能預料的壯烈比基尼。

把夾腳拖鞋擺在岸邊，徜徉男孩與嫵媚浪花交合浸淫一陣，成大字型躺在太陽將軍妨礙風化的烤問下。我故意不回答他問的一些大人的問題，雖然暗自心裡早已有底，但我選擇繼續被逼供酷刑，抽乾所有毛細孔裡所有水分，好讓眼角不再像出海口，直到他使出植出記憶和全身粉紅色烙印這招，才趁機逃走。

接應我的地頭蛇是沖水雜貨店的阿伯，黝黑的皮膚，貼面無風阻的太陽眼鏡下面深刻的法令紋，細數著台北工作的三子一女，店裡兩個可愛小孫女放暑假，正在幫忙招呼著買賣。

椅腳邊的老黑狗珍重地挨著日子，每一個動作都與馬路

對面海灘上的熱情青春遙遙相對，我想牠一直找不到屬於自己的城堡吧！交通警察忙著指揮疏導南灣並排的車子，好讓這條唯一道路別再壅塞。身體的分子結構少了水便無法所有連結，跟阿伯買了果菜汁一飲而盡。發覺那麼的無所住心，其實目的地總是中繼站。

暮色已起，淡淡的黃色憂傷帶來了淺紫的倖然，緩緩著了靛藍才看見夜月星空守護的責任。

通過雪山隧道時有種流走在自己血管中的感覺，就這樣一直走著，會走到自己的內心深處嗎？

眼前一望無際的海天世界，是大還是小？端看能飛的多高吧！我早已聽見嬌柔月兒的呼喚，從將來看這兒想必會有會心一抹，亙古的星星連線指引了我方向。

我認出了自己，正照耀著認得我或不認得我的人。

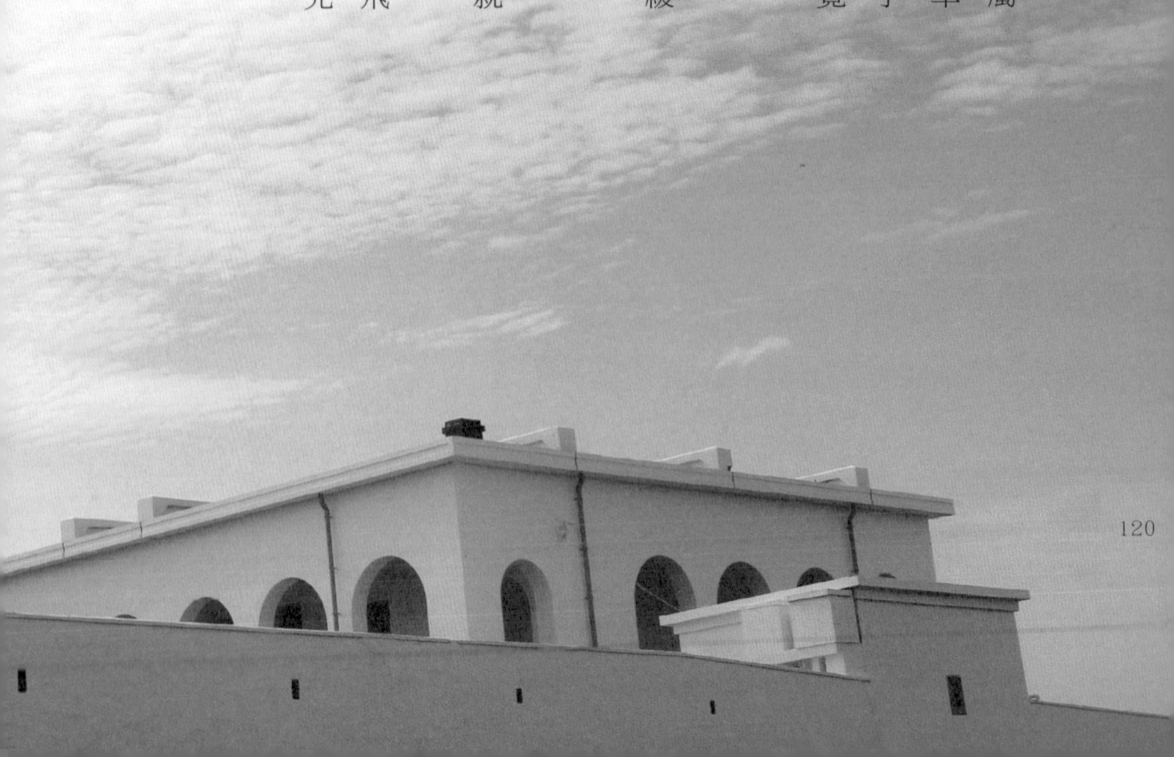

## 後記

離

明兩作，離。大人以繼明照于四方。離下離上，兩離相迭，離爲南火爲日，太陽反復升起，運行不息。亦有相互映照之意。

《序卦》：陷必有所麗，故受之以離。離者，麗也。離也表示心，指內心像火一樣織熱，照亮四方是爲火德。

文中：眼前一望無際的海天世界，是大還是小？端看能飛的多高吧！我早已聽見嬌柔月兒的呼喚，從將來看這兒想必會有會心一抹，亙古的星星連線指引了我方向。我認出了自己，正照耀著認得我或不認得我的人。便有明兩作，「離」的意象。

或用以〈shine〉(separation)。說文解字：黃倉庚也。鳴則蠶生。从隹离聲。今用鸝爲鸝黃。借離爲離別也。

http://
濕毛巾．
苗栗後龍
.com.tw
N 24.602426,
E 120.730991

終究那尾抹香鯨還是擱淺了，仰躺斜望著夢中的家鄉，成群巨大白色風車，正在緩緩轉動著殘留的生機，牠想說什麼，卻什麼也沒說地癡望著天。

那天，還是沒下雨，多日悶熱，每天都像差一步就要落雨的那天，海防線的阿兵哥用鋁製臉盆來回裝水，在那尾擱淺的抹香鯨身上敷百餘條濕毛巾，土法煉鋼維持殘喘的基本生命。為牠保濕遮陽留下一絲生機，盡最後一份心力。苗栗後龍沙灘上，低氣層的黑壓雲團已經貼近了地面，不過，還是沒下雨。

阿公曾經跟我說過這兒人就是認份，每個人各司其職，固守家園的團結是永世立命之道。不經事的我總覺得阿公那種認命的傳統觀念，跟不上時代的轉進，所以後來北上都市就學、工作，十幾年過去了，城市中成群地擎天大樓的腰際還是籠罩著黑壓雲團，捷運站裡來往快步的經綸人們不停地編織新的夢想，新的規劃，抽乾自身的體液。

已經好久沒有下場雨了，用一條濕毛巾擦拭臉龐，攤平敷在額上，是小時候常看阿公的清涼祕方，但這次照做了還是無法消除渾身的躁熱，塵垢塞住了毛細孔，不能通透。

記得小時候後龍的風很大很涼爽，印象中大部分都是貧瘠的沙地，許多年後回來，竟然好大一片都變成豐饒的田地，原來阿公的鐵牛車從我很小的時候，就一車一車地運載來營養黏土滋養了土地，由荒蕪沙地變成綠油農地，像愚公移山那樣的夢想，靠著聚土成田十年生聚的硬頸精神，真的實現了。

每次阿公午後農忙完，總會用那條泛黃單薄的濕毛巾，擦拭斗笠與頭皮的汗珠，看著成熟飽滿的稻穗，嘴巴總是嚇著又笑著，彷彿在說：我們世代揮汗累積的福份已經在這邊了，你們小孩子就做好自己份內的事，自然就會有福氣，不用憂愁肚子餓和外頭風雨的事，我們耕耘福澤，種了福田，院子裡晒滿了福菜（芥菜）。世代的子孫呀！請好好珍惜這片土地！

阿公家裡唯一的娛樂用品就是電視機，上面擺著個抬頭挺胸農委會發的「優質農業」獎牌，還有小時候就有而現在已沒用的無線天線。

客廳的大藤椅座位，屁股位置已經坐成了三個大窟窿，旋轉電扇吱吱地掃視家中每個角落。銹斷的電扇網面，有明顯用新鐵絲手工縫補的痕跡。

外婆早已走了，村裡的孩子們也都去都市發展了。空蕩蕩的家，只有以前是糞坑，現在改建成沖水式馬桶的廁所，牆面貼砌著嶄新的磁磚，閃耀著光芒，或者是展示著進程。

阿公說舅舅今年元宵去慈雲宮「射炮城」，自行點燃的排炮，幸運地一擲到高掛在長竹竿上的迷你城堡邊，就讓整個迷你城堡火藥爆炸，是家中門第今年有福慶的象徵，問我說是不是好事近了，想抱抱曾孫，我應付似地叫阿公多種些香甜的西瓜，讓我送給心儀的女子，阿公說今年的西瓜又大又甜收成好，我也跟著笑得一樣甜。

舅舅射中了炮城，抱回了獎品微波爐乙台，村庄裡的人們直說要請客吃澎派，在雜貨店旁的空地請了六桌，舞台上的村里長酒酣耳熱地唱起了客家山歌，海邊吹來的風裡，有在地的溫馨笑聲。

席間聽鄰人遠戚說我們這都要被政府徵收土地，規劃成後龍科技園區，引進光電產業的高科技，讓大家的孩子們都可以回來家鄉就業。阿公變得都沒說話，靜靜地咀嚼著輕輕用大湯匙一分刮，就好大一塊碗裡的滷大蹄膀。

關於後龍這兒要變成科技園區，討論的聲音此起彼落，一位仁兄正在宣揚工業振興經濟，孩子都回家鄉，生活品質提升的理念，不過好像都沒有人仔細聆聽和回應。阿公的酒量忽然變得極差，酒席還沒結束，我就扶著阿公回家。

那夜，阿公像喝了濃郁的薰衣草茶那樣安定地早睡了。翌日醒來，阿公就病了，也許是病著無奈，所以也不多話了。講最多話是在案前對著外婆遺照的喃喃，聽得清楚的字句是「原諒」。

舅舅從市區請來工人幫忙這個產季的收成裝箱，每顆西瓜都皺著眉頭，甘薯都變得瘦瘦的，連平常壯健辛勞的阿公都顯得步履蹣跚。

舅舅說阿公大半輩子建造的城堡，一夕之間被佔領，總是顯得無法接受，不過假如許多零星小領地整合成一個強盛的帝國也是對的。可是我不再是那個剛剛離開家鄉去都市闖蕩的少年，我

長大了，許多年來體會到生命的價值常常不是物質上的，可貴的是人與人，人與土地、人與大自然所連結的相互尊敬的愛。

我跟舅舅說，固然犧牲少數人利益換取大多數人的利益是應當的，我們也願意接受安排，但不能先前跟阿公說這兒要建造成「有機生態藝術村」，阿公畢生致力於有機農業，忽然又說要強制徵收規劃成科技園區。

舅舅邊堆疊著印著良品的水果紙箱到小貨車上邊說：「假如補償一筆可以在別的地方買更大片田地的錢呢？」

我沒有回答舅舅，看著漸漸變小沒入海洋的小貨車，留在眼前的只有成群地巨大白色風車，正在緩緩地轉動著殘留的生機。

我想起唐吉訶德的長矛刺中了風車翼，但徐風還是持續地吹動風車翼，把長矛折斷成兩截，把馬和騎士重重地摔倒在田野上的畫面。

忽然覺得自己變得好小，而且好討厭大人。

索性騎著阿公那台小巧的腳踏車去慈雲宮，小時候來還沒有大鐵皮搭建的小吃街大屋，廟旁總是一攤攤推車小吃，現在感覺整齊衛生許多，斜角那一家杏仁露是小時候每次農忙完的獎勵。

跟笑容可掬的老闆娘點了加有綠豆、粉條和杏仁露的銼冰，她也不再是我記憶中那年輕漂亮的阿姨了，還是一樣熟練地用著像是起子的工具削刻著銼冰，不曾因為貪快而換成電動機器的刨冰，因為這樣，碗裡常有粗細不一的冰塊口感。

有一顆較大冰塊在嘴裡咬嚼成碎冰，融化變成源遠流長的童年記憶：臼齒蛀了好大一個洞，農忙時也牙痛，臉上盡是不滿不快，忍著痛不敢告訴阿公，就怕被阿公用門軸拔牙。

阿公看我是不是好像一直做單調的工作不開心，時常都會誘惑我說：流汗流汗，流多點汗，搓草瞭咱來吃冰。然後手腳就會更勤快地完成工作，想著結束後趕緊去吃慈雲宮旁杏仁露的銼冰，每次都用較大顆粒的冰塊，剛好填補臼齒的大蛀洞，阿公的笑容和汗水後的冰涼治 好了牙痛。

過了好多年，現在再用舌尖頂了下臼齒，蛀洞還在，可早就不痛了，可是阿公的心血土地明明也還在，不過卻是說不出痛了。粗細大小不一的冰塊顆粒，終究在熱熱的嘴裡被融化了，或者被佔領。

那尾抹香鯨擱淺在轉動著的巨大白色風車下，聽說那風車運轉一天可以提供大山國小七天的用電量，所以那尾抹香鯨失去了生命慢慢腐壞在土壤裡，也還能化為養分變成能量，讓這部巨大機器能夠持續機能地轉動著葉片，難道這就是牠從海洋深處辛苦游到這片沙灘上擱淺的目的嗎？

慈雲宮內守護保庇這片土地的媽祖娘娘面前，乾隆時期的紫檀神案桌上，供奉著黃皮黃肉甘薯做的月餅。

入秋後，後龍的風會變得非常大，很容易就把什麼東西都吹得一乾二淨，只有從二十年前重新建醮到現在，懸在慈雲宮正殿神龕上方，光緒皇帝御賜匾額「與天同功」還蒙著厚厚的虔誠香塵。

到底有誰可以拿條濕毛巾為了後龍，做些什麼？

## 後記

山下有風，蠱。君子以振民育德。蠱為山谷所生的蟲，比喻事物腐敗變質所生的病害，必有其週期。也有風行山下，庶民得以蒙受教化之意。《序卦》：以喜隨人者必有事，故受之以蠱。蠱者，事也。

文中：過了好多年，現在再用舌尖頂了下臼齒，蛀洞還在，可早就不痛了，阿公的心血土地明明也還在，不過卻是說不出痛了。粗細大小不一的冰塊顆粒，終究在熱熱的嘴裡被融化了，或者被佔領。即同時有「蠱」的病害跟上教下效的意象。或用以〈contagion〉(curse)。說文解字：腹中蟲也。从蟲。从皿。物上當有蠱字。皿所以盛飲食行蠱者也。此說从皿之意。

http://
氣密窗外．
觀音山
.com.tw
N 25.128889,
E 121.418409

父親第N次住院，成群的子女已經沒有像十幾年前第一次住院那樣焦急地不知所措。例行性地填妥住院表格像路邊順手幫年輕人填的問卷，每一個——處就填上該有的數字與文字。

制式的排版透露著可能的空白處，我用密密麻麻工整的鋼筆字，替父親填上了我所知道關於他的記敘。空白處沒填滿，前面幾行暈開的字，連我這個寫字的人都看不清楚。

這次父親躺在一樣規格的雙人病房病床上，視線所及跟上次還有上上次一樣，同樣規格的正方形輕鋼架潔白的天花板，這些正方形並沒有發出聲音地告訴父親：「請堅強，也請將自己輕放。」

午後3：50大兒子剛離開。19樓的氣密窗外的世界運習如常，對面灑著陽光的觀音山屹立不動地展現著千古的生命力。

父親似乎沒想為什麼自己會在這裡，記得不久前父親才跟奶奶講說好想結婚，不久前才去民生西路那家波麗路餐廳相親，不久前才生了大女兒，不久前才發誓要創業成功，怎麼一下子眼前只剩下正方形輕鋼架整整齊齊的天花板，規規矩矩地放射出去開枝散葉，規規矩矩地框住堅毅的靈魂。

時間還是不停地走，是如何身體安靜不動都沒有辦法改變的流動。那些鮮明的記憶，那些現在看來沒有好壞對錯的決定，除了父親，還會有誰知道？

一般蚊子都飛不到25公尺高，比較厲害的白線斑蚊最高也只可以飛到35公尺，今天很奇怪有一隻最普通的埃及斑蚊本來在地面玩耍，但在短短兩分鐘內居然飛到了476公尺高的地方睥睨著這都市，頗有南面為王的姿態。

「那些在地面上的同伴，原來如此的渺小，小鼻子小眼睛，從這高度看見的世界才是全貌嘛！」這是蚊子今天開口說的第一句話。

一切不過高先生昨天假日帶孩子去吃麥當勞，又要趕今天開會的投影片，吃3號餐邊陪孩子邊做報告，喝可樂的時候為了要叫住五歲大的孩子別靠近樓梯，喝了半口噴在公事包的一滴可樂糖漿。隔日搭捷運到客戶公司做簡報的途中，吸引到這本來在花園閒逛的蚊子，像平常一樣可口吸吮著這滴公事包上乾掉的糖漿，竟隨著高先生進入了101

大樓電梯到了86樓的外商公司做簡報，朝窗外望著，這才是世界的全貌嘛！

那麼生命的高度是巧妙地堆疊而來的，還是隨機，久久或有投合之處。

好安靜的時刻，我到19樓的時候已經是晚上11：10分了，脫掉藍色的雨衣掛在病房浴室的連蓬頭架子上。掂著腳小心翼翼地換上帶來的輕便短褲，拉出折疊床側躺著面對父親側躺的背。牆上的鐘靜靜地一筆一筆地記錄著上一秒和這一秒的一切。

隔壁床中年男子的老婆也安靜地睡在老公病床旁的折疊床，任秒鐘聲和淺綠色紗簾透露的光影，記錄著當下感情所在以及連繫。

19樓的氣密窗外細雨中的觀音山依舊祥和地靜臥不動，關渡平原上羅織的燈火，是一床潔淨的聖禮。正在高雅不尊貴，赤裸不羞恥地化育萬物生命。

氣密窗外沒有聲音的雨，將那山慈眉善目的全然感官洗

盡多年的鉛華。觀這城市那一盞已熄的燈是孕育愛的源頭，聽出那一盞微亮的燈是說著柔嘉之音。

牆上的秒鐘聲更迭，生命的道路如此。一切好安靜，安靜到可以聽見時間的筏，每一槳捨與不捨的聲音。這安靜的一切是什麼時候就決定的呢？什麼時候造就的呢？每每有這樣疑問的時刻，窗外總是下著雨，沒有月光。

夢外，迷糊地協助父親上了兩次廁所。直至晨曦透進19樓的窗戶為止，做了些夢。有光復初期的文人雅士齊聚在大稻埕商圈喫茶店談論時事，路上還有人力手拉車的夢，也有帶著許多老人坐上101大樓觀景電梯，充滿驚嘆聲和興嘆聲的夢。

窗外，已經沒雨。今日的晨光依然隨機填上空白處的當下。19樓氣密窗上的雨漬，距離窗外的觀音山很遠，不過的確包含我們的所思所為，跟那些早已做了的決定。

## 後記

兼山，艮。君子以思不出其位。艮，不動如山，雙艮稱兼山。喻靜止。與震卦相反。高潮後必低潮，進入相對靜止的階段。行止的動和靜都不可失機，恰到好處適可而止。以當下的需要爲思慮，勿瞻前顧後，請完全活在當現的時空中。《序卦》：物不可以終動，動必止之，故受之以艮。艮者，止也。文中：牆上的秒鐘聲更迭，生命的道路如此。一切好安靜，安靜到可以聽見時間的筊，每一樂捨與不捨的聲音。即從動中看止，從輕中看重之象。或用以〈 certain 〉(equilibrium)。說文解字：很也。从匕、目。匕目，猶目相匕，不相下也。

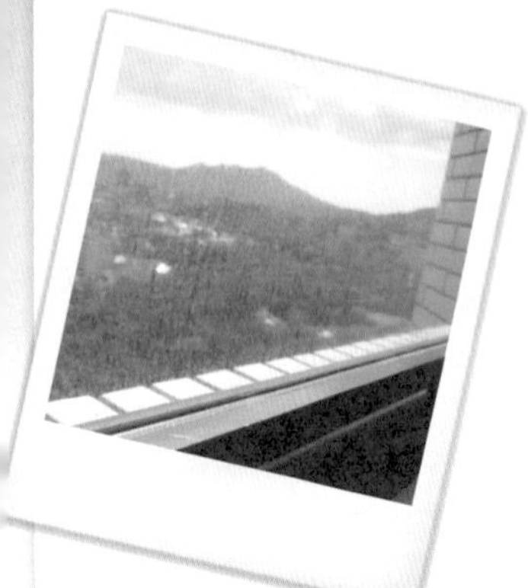

頂山寺
http://
美麗曲折．
三芝貝殼廟
.com.tw
N 25.238524,
E 121.539474

書架上擺著一個貝殼，有時候會在假日的午後把貝殼放近耳邊，如果仔細聽的話，裡頭有海潮的聲音，還有遠方海鷗的鳴叫聲。

過了好久，貝殼的粉紅色紋路早就已經褪了色，可是那聲音卻還是清晰無比。像現在一樣的那年夏天，沙灘上的兩對足跡並行走著，到了這顆貝殼的撿拾處，腳印彼此相對，然後我們擁抱。

海平線上的夕陽把我們的身影往陸地的方向搓揉又擀平，麻花交疊成一條細細的溪流。那時貝殼在妳手裡，妳說我們要永遠住在貝殼裡。

世界上無數的貝殼種類，其實只有兩種：一種是卷殼貝、一種是雙殼貝。

卷殼貝是腹足綱的動物。貝殼是一個整體，獨自呈螺旋狀生長。海裡的各種螺類和陸上的蝸牛都是卷殼貝。

雙殼貝是瓣鰓綱的動物。貝殼是以韌帶相連的兩個整體。蚌、蛤、硨磲、海扇都是雙殼貝。

那年夏天，妳從映著夕陽的海潮泡沫中撿拾起來，遞給我放在手心的是螺旋生長的卷殼貝，也就是過許多年後，放近耳邊還是會有許多回憶聲音的那種。

現在的妳好嗎？找到了自己的家了嗎？會像我一樣在悶熱夏夜裡忽然想起當時自己的不是，身上濕透像離開海水時那樣害怕些什麼嗎？

是否發現無憂涼爽的海風只在那年的螺旋空間裡？

其實貝殼裡的海風是任何空氣在螺旋空間都會被振動放大的聲音，不斷吹拂著當時汗涔涔的我們。

我們都忽略了原來在任何愛裡，我們都是兩個不同的整體，用什麼東西相連著。當相連的什麼東西喪失的時候，只得各自漂流到不同的海岸讓不同的人給撿拾去了。徒留手上的這獨自一個整體，呈螺旋狀生長的卷殼貝，還迴盪著那年夏天的記憶。

上網查關於貝殼的知識，所謂貝殼是軟體動物自身分泌的碳酸鈣形成的石灰質，用來保護自己不被壞人吃掉，可以避免乾燥，保濕而維持生命。

閉上瀏覽網頁疲累的眼，回想這幾年自體表膚的迤邐結晶，確實積累形成了堅硬保護的殼。小心翼翼地不讓壞人入侵，關於妳的種種一直擱藏在殼裡保濕以維持生命。

以「貝殼」為關鍵字搜尋的知識網頁裡，有一半以上都在介紹一間位在三芝鄉的貝殼廟（富福頂山寺十八羅漢洞），是一間用上百種珊瑚和六萬多種貝殼堆砌而成的濟公廟。

當初濟公下凡解救眾生，幫助遭受瘟疫生病的眾生開立藥單治病，卻被一個弟子偷走處方箋，高價賣給一些貧苦人家，可是因為藥性不合而害了許多人，天庭高層因此震怒，判罰濟公下到海底鎖在海龍王宮內三百六十年。

眾弟子以濟公名義做許多善事，所以天庭法外開恩提前讓濟公假釋出來。後來濟公時常感念想起曾經是監禁自己的美麗龍宮，所以眾弟子四處蒐集珊瑚、貝殼、瑪瑙、水晶等華麗珍寶來建構，終於在三芝山上有了貝殼廟。

我不禁好奇網頁上面說的，圖片中各種貝殼貼砌而成的神獸，一些密不可宣的神秘符號，整座由上百萬的貝殼造成的廟，裡頭到底住了多少個海洋。許多去過的人也都分享那像置身龍宮

的特別經驗。

喝完紙盒裝的綠茶，把紙盒折疊起來。多少個一個人的假日又已然結束。我堅硬保護的殼日益肥厚，也許是那被誰偷走不再有的真心，還是對你的罪孽真的太重，所以被判罰監禁在螺旋狀生長貝殼裡的海洋深處，逕自分泌一層又一層的思念，鎖住自己，保護自己。

過了一個星期，我沿著北海岸進入三芝著名的櫻花林道，山路繞呀繞地鑽牛角尖的在三芝山區追尋螺旋的中心。有點暈眩迷離地抵達貝殼廟。

絡繹不絕的遊覽車載來許多陸上都市生活的人們，來山頂的海洋一探究竟。廟方人員用擴音器指引眾生參拜的方向。

鎮守龍宮正殿門口兩端的是一對由扇貝和寶螺雕飾的龍首鯉身的鰲魚，門庭正中擺的香爐是深海珊瑚精心打造，廟內還有一個琥珀大元寶，濟公愛喝的大酒壺。

裡裡外外包括牆面、天花板、吊飾、匾額上風調雨順的字、四周的龍鳳神獸和所有裝飾，全都是各式各樣不同種類的貝殼所堆砌拼貼而成。

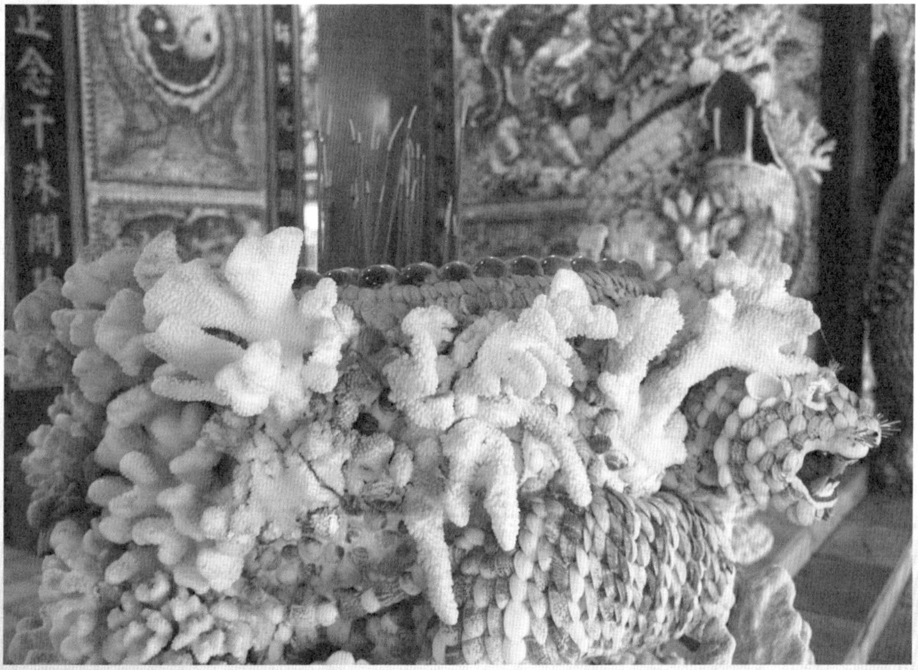

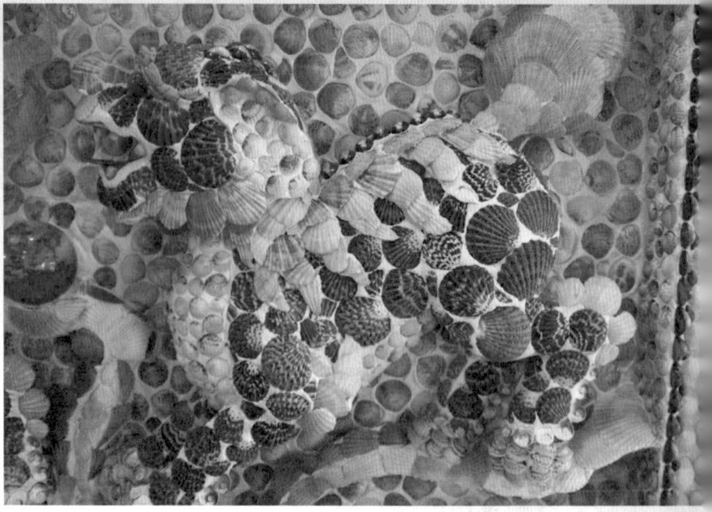

上完了香，遵照指示進入由深海珊瑚建造的十八羅漢洞，狹小只容半身通過的珊瑚隧道，裡頭有十八尊各懷不同招式的羅漢，還有一個清淨的許願池。

把那年夏天妳給我的貝殼輕輕地投進許願池，水面泛起層層向外擴散的水波，這波動是由關於你的點點滴滴所造就，漸漸地水波平靜不動。

我在美麗曲折裡，流連螺旋迷宮裡，拖著紡錘狀螺層。直到通過宛如內耳構造的珊瑚隧道，將回憶的那些聲音用許願池的水隔絕，祈求我們都能有各自的家，都有另一個整體與自己這個整體，用愛的韌帶緊緊相連著維繫。

不知道要到多遠的將來，才能再遇見頻率交會的共振空間，不過畢竟我還是走出像耳蝸的珊瑚隧道。

要離開三芝貝殼廟時，想起了蒲島太郎的童話，他偶然救了大海龜。大海龜為了報答他，招待載他潛進深海，經過珊瑚和海帶林去龍宮遊歷，那些魚、蝦、海龜都來到龍宮跳著迎賓舞蹈來歡迎他。

在海底的每一天充滿了驚奇和喜悅，讓他幾乎忘了回家，到了第三天，想起家裡年老母親一定很擔心，急忙著跟龍宮公主和大海龜告辭。

臨行時公主送給蒲島太郎一個玉盒，蒲島太郎乘坐上大海龜的背，便揮別公主和雄偉奇幻的龍宮。

回到家鄉，發現人事已非，問在岸邊的漁夫才知道在海底三天，陸地上卻過了一百年，找不到至親至愛的蒲島太郎，就坐在海灘望著海洋蹉跎度過每一天。終日想念著龍宮的美麗點滴，有一日順手打開玉盒，白煙竄出，年輕的蒲島太郎竟變成一個駝背，長滿白髮白鬍鬚的老公公了。

在愛情海底龍宮的時間雖然短，但其間卻充滿了驚奇喜樂，公主給的那個玉盒，也許是那個貝殼。裡頭除了種種美好之外，有更多是成長的滋味，或是濤濤歲月洗練後才會有的亮澤。

那些很多曾經所積累的迤邐結晶，是感情與理智反覆消長的紀程。

三芝的貝殼廟是蓋在山頂上的海底龍宮，揮別雄偉奇幻和公主之後，我發覺自身分泌的不再是堅硬保護的外殼，而是軟柔心中那顆珍珠。

穿串著那年夏天閃亮的海潮泡沫，在記憶中妳那小巧的耳垂下吊掛。就算在擁擠的人群裡，或是許多貝殼當中，也能一眼就認出那是有海潮的聲音和遠方海鷗的鳴叫聲，屬於我們的遙遠。

## 後記

同

天與火，同人。君子以類族辨物。上天下離。太陽高掛天空，給予底下任何的東西同樣的溫暖，無分別心便是同人。《序卦》：物不可以終否，故受之以同人。

文中：我在美麗曲折裡，流連螺旋迷宮裡，拖著紡錘狀螺層。直到通過宛如內耳構造的珊瑚隧道，將回憶的那些聲音用許願池的水隔絕，祈求我們都能有各自的家，都有另一個整體與自己這個整體，用愛的韌帶緊緊相連著維繫。其中便是「物不可以終否，故受之以同人。」的意念。或用以〈same〉。說文解字：合會也。从　从口。口皆在所覆之下。是同之意也。

http://
台灣招潮蟹.
彰化伸港
.com.tw
N 24.182443,
E 120.474958

住在彰化伸港鄉潮間帶的台灣招潮蟹和巨蟹女，彼此相戀了一整個夏季，聖誕節那天晚上，招潮蟹終於向巨蟹女求婚了。

不曉得是台灣招潮蟹表現得太殷勤，還是巨蟹女那巨蟹座的多思，聖誕節那晚的月亮映在大海上簡直像個大問號。

其實是因為弧邊招潮蟹的關係，兩手都是小螯的巨蟹女才會猶豫不決。

台灣招潮蟹跟弧邊招潮蟹一樣都是招潮蟹。只不過弧邊招潮蟹努力過著生活的每一天，在工作上也有很好的表現，特別是在紅樹林的業務上更是替公司賺進大把鈔票，家鄉鄰人對他的能力都稱讚不已，更是眾人眼中一輩子都不愁吃穿的黃金單身漢。

長輩們經常為他安排相親，巨蟹女在那些長輩的壓力下，勉強地跟弧邊招潮蟹在垂吊著水筆仔水晶燈的紅樹林法式餐廳吃飯。

席間弧邊招潮蟹行禮如儀，用右手的紅色大螯幫巨蟹女拉開餐廳門，拉椅子、倒紅酒，甚至體貼地為她切牛排，翩翩風雅的舉止令巨蟹女開了眼界。加上長輩們在旁邊加油添醋，巨蟹女當時真的忘了那始終在身旁守護自己的台灣招潮蟹。

在巨蟹女跟弧邊招潮蟹約會的那一天黃昏，台灣招潮蟹獨自一個人在大肚溪的南岸河口，對著遼闊的台灣海峽，用右手小螯拉著左手大螯的白色小提琴。曲調悠長悲切，迴盪在出海口，像是對自己身世的淡淡哀愁。拉著一曲一曲沒有盡頭苦悶的憂傷情歌，好希望有個誰可以讓自己不再孤獨。

自從鄉公所在這裡的黏土灘濕地，說是為了生態觀光而築起的堤防步道和景觀平台，讓濕地裡的許多家庭沒法外出賺錢。巨蟹女為了一家的生計，開始在附近彰濱工業區的工廠做起女工。

台灣招潮蟹整天在家寫詩譜曲、練習提琴，打算將來能在國家音樂廳一展身手，為家鄉的人奏上一曲歌頌土地的奏鳴曲。

整個夏季，巨蟹女就算每天超時上班、身體疲累，也會經常與台灣招潮蟹碰面約會，給他鼓勵。兩個人常整夜在潮間帶高壓電塔的地基平台上聊夢想、聊理想、聊彼此對未來的憧憬，黑夜中看著遠方漁船燈火，就好像所有的願望都實現了那樣，在海風中相擁，依偎在一起。

巨蟹女知道台灣招潮蟹跟弧邊招潮蟹都渴望有自己的家，都有能力自己蓋房子，為所愛的人提供遮風避雨的地方。不同的是弧邊招潮蟹蓋房子喜歡就地取材，用旁邊的泥土，直接疊砌精緻典雅的房子，所以早就將房子蓋好等巨蟹女入住。

台灣招潮蟹則是希望先成家再立業，確定有女主人才會開始蓋，不用旁邊的泥土，直接挖掘土壤裡將房子蓋成洞穴，不做裝飾。台灣招潮蟹認為能跟自己心愛的人一起生活，就算家徒四壁，只要能彼此追尋共同的理想，就是幸福。

巨蟹女有時心裡會想到底什麼才是真正的幸福？

周圍的生活空間越來越小，潮間帶原本面向大海的空曠泥灘地，漸漸地被許多有眼光野心的老闆相中，圈起土堤做成魚塭，養殖文蛤和虱目魚。

潮水越來越無法進出，巨蟹女開始警覺到整體大環境的不景氣，單靠一份薪水要養活全家，又要計畫將來好像越來越困難了，不過比起大半失業的家鄉鄰人，自己有一份穩定微薄的薪水也還算過得去。

工廠下班時，巨蟹女去找台灣招潮蟹，台灣招潮蟹見到巨蟹女就開心地手舞足蹈，揮舞著白色大螯提琴，擺動著身上所有螯足，興高采烈地對巨蟹女說著自己發現的新樂理，並且將自己寫的詩、譜的曲應用在裡頭，心滿意足地吻著巨蟹女。

巨蟹女被吻的那一刻，突然發現自己好傻。

眼看著濕地越來越小，生活都要過不下去了，還將自己寶貴的青春浪費在這個不知道哪天才能發達的台灣招潮蟹身上，忽然間巨蟹女覺得自己應該要清醒了。不該

再和台灣招潮蟹做那種不切實際的人生大夢了，於是，巨蟹女想到了弧邊招潮蟹。

到了弧邊招潮蟹當營運長的紅樹林公司，弧邊招潮蟹正在運籌帷幄，指揮著牛背鷺和小燕鷗搬運公司倉庫裡滿滿的水筆仔和整箱的有機食材，檢查訂單的數量。一看見巨蟹女來，便急忙地放下手邊的工作，泡了一杯浮游生物咖啡，請巨蟹女在整片玻璃都看得見紅樹林的高樓辦公室坐了下來。

弧邊招潮蟹說：「我已經聽說妳那台灣招潮蟹男友是窮小子的詩人音樂家，本質和生活習性都無法適應這現代化的紅樹林社會。我最近正在跟一家大企業洽談一個大案子，這片土地以後每天都可以生產

非常多的聚乙烯顆粒，那種顆粒可以做成妳能想像的任何東西，是一個無限發展空間的了不起事業。如果妳想要提升自己和家庭的生活品質，請妳考慮一下，以後的日子跟著我，我一定會給妳過好的日子，好的生活。」

巨蟹女像被說中心事一般，正遲疑著。看著窗外好大一片紅樹林跟濕地，心裡想著：「真的嗎？以後我們生活的地方會變現代化的生產王國嗎？我那些多年不見的國小同學會回來變得跟我同事嗎？要在工廠做多久的女工才能擺脫這樣的困苦？」此時弧邊招潮蟹見巨蟹女露出困惑表情，見機不可失即馬上按下電話分機，將麾下最會巴結馬屁的蝦猴喚了進來。

蝦猴進來一見到巨蟹女便機靈地歌頌起弧邊招潮蟹的功德，「在這個跟不上腳步，就會被遠遠地拋在後頭的經濟社會，有什麼比跟著一個真知灼見的領導者重要？眼前我們的蟹老闆不就是大夥的不二人選！可要知道呀！妳跟這片土地一樣，正站在一旦錯過就永遠無法再擁有的機會面前呀！」說完便夾捲著身子興奮地跳了跳。

巨蟹女忽然想起之前有一次和台灣招潮蟹聊未來願景時，說如果有一天台灣招潮蟹真的能在國家音樂廳表演，但因為自己工廠要加班沒辦法去的話該怎麼辦？台灣招潮蟹回答：「那我就想盡一切辦法，每個周末都上台表演，直到妳能來為止。」

什麼樣的幸福，是自己一旦錯過，還能一直守候等待，源源生機般的不渝相信？

巨蟹女突然知道自己要的是什麼。

巨蟹女和弧邊招潮蟹說要回家考慮，事實上心中已經有了決定。弧邊招潮蟹見好像苗頭不對，便將蝦猴打發走，露出本性地用自己的大螯企圖擋住巨蟹女的去路，將自己平時優雅的風度拋諸腦後，不斷螺旋地纏繞著巨蟹女。

巨蟹女先假裝自己嚇到不動，轉瞬用腎上腺素百米賽跑的速度狂奔，弧邊招潮蟹因為自己的大螯擋住前路，想追也追不上了。

坐在回潮間帶的公車上，一路上巨蟹女對於自己的未來想了又想，西濱公路沿途的海映著夕

陽，年老的自己會在什麼地方？跟什麼樣的人共度餘生呢？夕陽很安靜，海也很安靜，但巨蟹女總算清楚地聽見自己心跳的聲音了。

巨蟹女在潮間帶急忙尋找台灣招潮蟹，卻到處都找不著。潮水的水位越來越低，賴以為生的濕地越來越乾涸，虱目魚魚塭裡的打水機濺起的白色水花越來越高，太陽就快沒入海平面了。

台灣招潮蟹跟琵嘴鷸，在河口那塊預定要蓋石化廠的泥洲上，用提琴伴奏合唱著「君子好逑」的新曲目，雲林莞草則在一旁隨風舞蹈，搖曳一身窈窕。

台灣招潮蟹彷彿站在國家音樂廳舞台上首席位置，睥睨著千萬浪官波臣，也服

從島嶼這偉大指揮家的溫柔手勢。

海跟島嶼用水文循環來交織這新曲目，誰也沒有要收手的樣子。任憑高高低低的曲調，刻劃著這海峽的五線譜。此時交響的盪揚頓停，代表著對大地淺淺地嘆息，又為了老幼無養、壯無用的居民嗚咽。

巨蟹女找到台灣招潮蟹時，已經流乾焦急的眼淚了。看著台灣招潮蟹英姿煥發地拉奏著小提琴，巨蟹女並沒有打斷他們，在一旁安靜地聆聽這萬籟的生命之歌，自己身在其中，是缺一不是的包含。

向晚時，海濤節奏固定的拍岸聲，漸漸地接手大自然的樂章。琵嘴鷸飛往更遠的地方，雲林莞草疲累地紋風不動。

巨蟹女緩緩地走向台灣招潮蟹，兩個人

對望著彼此，沒有說話地相信活著的這一刻這一切，就像大地那樣責任、照顧、分享的愛，那樣安靜。

台灣招潮蟹和巨蟹女相擁了好久，陸地方向放起了絢爛奪目，華麗的覃壯巨大煙火。旋生旋滅，地面上也染了紅紅的火光。

台灣招潮蟹轉動著火柴棒的雙眼張望了一陣才開口說：「煙火好美，映在妳的眼裡也有我。請妳珍惜我，我將視妳為生命。妳不是妳，我也不再是我，是我們一起，好嗎？」巨蟹女感動得說不出話，望著台灣招潮蟹火柴棒炙熱的雙眼，裡頭確有熊熊烈焰中的自己。

能一起多久，不知道。但此刻真有彼此相連，能為彼此奉獻一切的感覺，這就是愛吧！

台灣招潮蟹還在想是不是老天爺在天際所劃上浪漫的註記，巨蟹女則是沿著地面遙望才說：「那是我工作的地方啦！彰濱工業區的南寶化學工廠火災造成的爆炸啦！」

台灣招潮蟹有點驚訝，不過隨即把巨蟹女抱得更緊說：「人們不知道生活可以不必複雜豔麗，那些工廠當時的存在是因為我不存在。我很簡單，我就是要和妳永遠在一起。我一定竭盡所能讓妳過更好的生活、更有尊嚴的生命，請相信我，我們的家會是衣食無虞、溫暖和樂的。」

巨蟹女看著自己每天工作的地方漸漸地燒為灰燼，夷為平地，心裡卻有一種安穩平靜的感覺。好像有一種痛，一種痛過之後看見自己未來的感覺。

火勢連夜持續到了早晨，三十四輛消防車架起水線，不停降溫，燒了十七個鐘頭的公安意外，到了早上七點才將火勢完全撲滅。

太陽從山那邊升起之後，潮間帶開始要退潮了，濕地也要暫時乾涸了。台灣招潮蟹開始築愛的小窩，進洞時總是用小螯那邊進洞，出洞時總是用大螯那邊先出洞，所以頻繁地看見一只潔白的小提琴在泥地上忽隱忽現。

小螯那邊的蟹足將洞內的泥土不停地攤出洞口，堆成一個煙囪的形狀，漸漸地堆成留有一個缺口的半圓形土堆，再慢慢地堆成一個弧塔的形狀。

這時早在弧塔裡的巨蟹女已經張羅好生活的一切。台灣招潮蟹要用最後一塊濕泥封住土堆缺口的時候說：「接下來外頭的世界會越來越惡劣，退潮造成的乾旱會使地面析出鹽巴，地表將無法生存。我所築的房子雖然家徒四壁什麼都沒有，但可以遮陽保濕維持基本生命，我們一起在家裡同甘共苦，用彼此的愛應付一切。」巨蟹女點點頭，於是台灣招潮蟹用最後一塊濕泥將洞口封住。

滿潮時，輕輕地幾波小浪花，往乾乾的濕地沖拍過來，便將弧塔房子沖垮。巨蟹女乘著浪潮，在海的中央將抱卵已久的幼體孵出，釋放更多的，快絕跡的，我們的台灣招潮蟹。

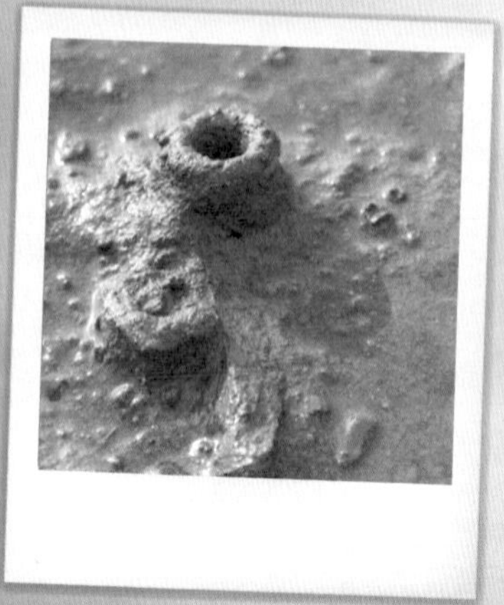

# 後記

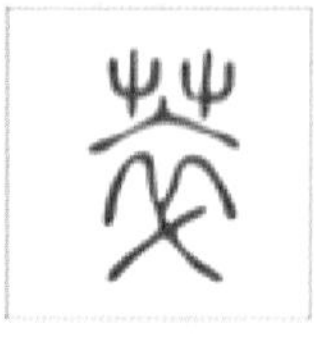

澤上於地，萃。君子以除戎器、戒不虞。上澤下地。澤高於地平線，澤水必能滋潤大地，生機自然而然地萃聚。生機當中必也有危機，所以要擦拭兵器防範環境的不測，文中擦拭兵器作時常練習拉奏解。

《序卦》：物相遇而後聚，故受之以萃。萃者，聚也。彖曰：觀其所聚，而天地萬物之情可見矣。

文中：台灣招潮蟹跟琵嘴鷸，在河口那塊預定要蓋石化廠的泥洲上，用提琴伴奏合唱著「君子好逑」的新曲目，雲林莞草則在，旁隨風舞蹈，搖曳一身窈窕。即有「觀其所聚，而天地萬物之情可見矣。」的風景。或用以〈converge〉。說文解字：艸皃。从艸卒聲。讀若瘁。

http://
米格魯．
東澳
.com.tw
N 24.519677,
E 121.832478

來自英國皇室的米格魯有雙褐色的大耳朵，今年寒冬一覺醒來發現自己的右耳缺了一角。

從福和橋畔沿著新店溪走往淡水河，一路上嗅尋著熟悉的氣味，想找到自己完整的耳朵，直到了淡水河和基隆河的交會處—社子島。

強勁的北風呼嘯過灰色冰冷的河口，銀色波濤在米格魯眼裡洶湧。

赤紅色的關渡大橋是一條條思念的弧線，一垂一垂地牽繫著自己的根本。米格魯想要像河灣裡的淡菜孔雀蛤那樣緊緊地吸附住什麼，卻徒勞無功。

米格魯好像是因為參加了跨年派對而宿醉，睡了很長一覺在山坡邊醒來，發現失去了記憶，只記得在喝醉之前有一個自己很愛的人，不過就是想不起她的容貌。

從基隆河畔廢棄的兒童樂園走到了捷運圓山站，不知道要往哪去，刷了悠遊卡進站，哪邊的車先來米格魯就先上哪班車，結果去了很多人下車的市政府站。

上了捷運站的地面，發現商圈馬路上猶如嘉年華會般，街道上有臉龐英氣清秀，動作整齊劃一的女子高中樂儀隊，還有7ELEVEN的Open醬在街道上神氣又開心地遊行著，都是為了慶祝新的一年來臨。

路上的行人圍聚，米格魯也好奇地接近。Open醬頭上的彩虹全開地對米格魯說：「嗨！我是Open星球來的一隻小狗，被一個地球女孩撿到，就住在便利商店裡，你呢？」

米格魯說：「我應該也是被一個地球女孩撿到，她愛我跟愛自己孩子一樣，我們住在山邊，每到假日我們都會去爬山散步。有一天我喝醉了，就再也找不到她了。」

Open醬說：「說不定人家也很焦急地在找你。」

米格魯說：「可是我實在喝得太醉了，怎麼想都想不

起到底發生什麼事。」

Open 醬說：「嗯，那我也愛莫能助啦！」說完身後的小竹輪跟可卡狗對著米格魯打招呼地揮揮手。

米格魯好不容易遇見可以攀談的狗朋友，便一股腦地對 Open 醬說：「搞不懂是不是因為我愛喝酒愛胡鬧亂睡覺才變得今天這樣沒有人要。」

Open 醬見米格魯一副洩氣的樣子，告訴他說：「我的名字『Open』就是代表對任何人、事、物都敞開心胸看待、樂觀快樂生活的意思，我們 Open 星球的每個人都像我一樣每天都好開心！」

小竹輪在旁微笑，可卡狗對著米格魯說：「不管如何日子都要往前走呀！傷心難

過是因為過去的美好時光。如果你已經想不起過去的時光，又有什麼理由悲傷呢！要開心過未來的每一天喔！」

遊行隊伍把 Open 醬跟他的朋友們推著走，留下米格魯一個人看著遠方的樂儀隊把手中槍旋繞地拋得好高，然後槍又落下來。

米格魯把頭埋在地上一動也不動。

冷風裡黑夜來臨，華燈初上，信義商圈所有的樹都用藍色、紅色或白色的 LED 極小燈串燃亮自己。徒步區街道上那些戴著毛帽，圍著圍巾的情侶們來來去去。

米格魯忘記坐了多久，起身時知道自己真的必須離開這城市，因為這城市，沒有馴養自己的主人，沒有在夜裡讓自己可以舔手

的家人。

到了台北車站時，列車時刻表不停地翻轉著，暗藏了關於米格魯的許多秘密。

旅遊詢問處招牌上畫著一個「？」，走近櫃檯，負責服務諮詢的高飛狗客氣地點頭微笑。

米格魯說：「高飛狗！真的是你耶！為什麼沒跟米老鼠他們一起？怎麼在這兒工作呢？」

高飛狗撫著鬆垮垮的嘴說：「不知道是迪士尼還是這座城市，讓我變成了這身穿著整齊工作服的樣子，我好懷念以前在比利時森林裡抓兔子的時候。」

米格魯說：「可以懷念是一件好事，像我就只能對新的經驗形成記憶。」

高飛狗說：「你受傷生病了嗎？」

米格魯只說：「我沒有生病也沒受傷，

就是找不到自己跟世界的關係，自己的位置。」

高飛狗用虎口托著下巴：「嗯！前面那兒有電腦，你可以免費上網查一下！裡頭有數不盡的相關連結，你隨意點，總會出現你想要的畫面。」

電腦裡果然什麼資料都搜尋得到，卻沒有任何一個頁面，可以讓米格魯找到自己應該的位置，或是跟什麼的關係。

高飛狗說記憶裡蘇花公路的中段，有一個很美的港灣，每次想佇足都因為趕路而作罷，印象中是在蘇澳站到花蓮站中間許多站的其中一站，但自強號沒有停靠。

咦！等等15：32的莒光號有停「東澳」，大廳售票月台上的時鐘15：45，高飛狗說離15：32還有13分鐘，要米格魯趕快買票，列車門要關起來的前一刻溜上了車，米格魯找到了屬於自己靠窗的位子。

列車門關起來的這一刻，米格魯隱隱地感覺到自己被開啟，開啟自己的鑰匙是一種相對的出生或死去。一路上的風景很美很明亮，米格魯發現回到過去的火車跟通往未來的火車一樣，路過風景都是稍縱即逝。

所有浮光掠影一一拾起，無關緊要的生命細節快速演繹，直到針筒裡的治療藥物注進血管，身體開始漸漸沒有重量。

米格魯從來沒有喝醉沒有遺忘，生命中一切的重心，共有同一張臉龐同一歲月喜樂的主人，在面前捨不得流眼淚的樣子。

「對不起，我背棄了我們！」米格魯在輕盈得什麼都無法重要的意識裡說。

米格魯換到了自由。無止盡的火車鐵軌發出規律的觸突聲。

到東澳時已是向晚，在東部海岸沒有黃昏的感嘆，這個國度的西邊都是崇山峻嶺的雪山山脈與中央山脈，把日暮的失落隔絕在都市的那一邊。空氣中瀰漫著被海風吹散的鬱鬱植物的氣味，左右兩頭延伸向海的山，懷抱著這名為「東澳」的嬰孩。

米格魯走出高架橋的東澳車站，問了一位皮膚黝黑的少年：「請問這裡有租賃交通工具的地方嗎？」

少年遲疑了一會兒，抓抓臉頰，搔著眉尾說：「沒有耶！但我們這兒有機車行。」米格魯就坐在少年的機車前座，不一會兒就到了，原來是修理機車的地方。少年對老闆說了個小謊：「米格魯是我最好的朋友，來

這兒找我玩，這邊有機車可以借他嗎？」老闆說車子被孫子給騎走了，真的沒有車可以借，可是米格魯真的覺得，這兒的人們一點都不虛偽。

到少年家門口，上頭掛了個「阿龍釣具店」招牌，少年說：「不然你要去哪裡，我的摩托車借給你好了。」

米格魯自己把身分證押給了少年，第一次騎在蘇花公路上，連續假期回程塞住的綿延車隊，小孩探出頭對車裡頭的大人驚訝地說米格魯在騎摩托車，米格魯自己也覺得怪就把安全帽的面罩壓得低低的。

蘇花公路夜幕中連綴著山腰到天邊的LED極小燈串，米格魯穿越車陣，馳乘著海風，護欄外就是深深幾百米深的懸崖。

一條小路通到斷崖下沿著海岸的路，石子路接著柏油路又接著石子路，海濤聲近得像拍打耳膜一樣清楚，米格魯感覺自己缺了一角的耳朵，傳來太平洋上的月亮心跳聲。

潮水不停湧動想讓海岸不匱乏地濕潤她的髮，在兩個不同世界的髮際。

多少個夜，米格魯跳得好高，終於跳進主人的被窩裡。期待自己悸動溫暖的心，可以用鼻息緩緩吹乾她的髮，讓她不再感覺冷，讓她知道自己的事業就是彼此。

就像海欣賞月，卻沒法由衷地將自己交給月。不知亙古以來，月就註定一直住在她的波心，對她說：「不進庭園怎知春光何許？」於是月上真有一片寧靜海，等待著太平洋真正波粼和跳耀的魚到來。

翌晨5：30的手機鬧鐘聲都還沒響，米

格魯已經盥洗好一身，往東澳灣走，黑漆漆的村中小路，水泥廠再前方一點，就是滿滿鵝卵石鋪成的海灘。

用鵝卵石堆了一個符合人體工學的躺椅，斜躺在石堆上。

天邊漸漸泛起天使白，海風將旭日捧送到米格魯面前，蔚藍的大海慢慢地又將殘月收進抽屜，準備12小時後再拿出。米格魯心想這就是所謂的存在與不存在呀！更何況好長的昨夜有無數的星光閃耀。

東澳灣兩旁環抱著海的山岬，渴望永遠地擁有無垠的太平洋，終究留下了這個美麗的海灣。

米格魯想起關於Open星球，Open醬敞開心胸看待、樂觀進取快樂的樣

子，想起高飛狗認真工作的樣子，就想起初識主人的模樣。是呀！米格魯缺了一角的耳朵是在愛麗絲的樂園中，被帶著錶一直看著時間的兔子咬掉地。

米格魯曾讓彼此都不是一個人，一起面對每天生活歡樂悲傷，一起使未來的更多選擇一個一個消失，直到米格魯獨自地讓這些消失，不再消失。

在這島嶼極東的日出海灣，米格魯終於看見了海平面上看不見的海背面，前數之終，後數之始那樣地圓滿。

米格魯搭上了區間的平快車到宜蘭市區，再轉乘噶瑪蘭客運。車經雪山隧道時，米格魯覺得平坦的隧道似乎是無止盡。這一切是不是自己還在醫院裡虛弱側身躺著的彌留旅程，米格

魯心想假如是的話，就用全身最後力量說：「我成熟脫落了。這顆種子請妳收好，放置在任何一個妳想開花的地方。」

車子繼續在隧道中平順無止盡地騁馳，米格魯發現自己必須跟來時一樣地孤獨。

## 後記

明出地上，晉。君子以自昭明德。上離下坤，旭日剛東升，亮麗溫暖灑在大地上。《序卦》：物不可以終壯，故受之以晉。晉者，進也。

文中：在這島嶼極東的日出海灣，米格魯終於看見了海平面上看不見的海背面，前數之終，後數之始那樣地圓滿。於是「不可以終壯」的「晉」就浮現出來了。一個東西壯了成熟了，自然會脫落而進至新狀態。或用以〈shift〉(transition)。說文解字：進也。日出萬物進。从日从臸。

http://
幸福運行．
花蓮七星潭
.com.tw
N 24.027641,
E 121.631522

今天，我洗了個既乾淨又舒服的澡。看你開心又有點興奮的樣子，我也感覺到我們似乎要出遠門啦！好久沒有大展身手，這次我一定會好好地表現，讓你知道平常把我停在巷弄樹蔭下招灰塵是一件多麼浪費的事！

中午不到你果然牽著一個穿著長裙蠻有氣質的女孩，幫她打開我的右前車門。轉開我孤寂好久的心門，發動我老當益壯的引擎。上了交流道，原來你們認識那麼久了，一路上聊著心靈契合的話，真是為你感到開心極了！

說不定以後就可以載你們連同你們的小孩，塞滿我空虛好久的車後座。我有點生氣，為什麼你跟這麼好的女孩在一起，我全然不知道，還三不五時擔心你有沒有把自

己照顧好，連我心儀已久的凱蒂貓粉紅色 march 經過我身旁用勾魂眼瞄我都不理，直管幫你物色女主人，原來你早已暗自進行，還有些修成正果的味道。

經過了一個12公里超長的隧道，眼前頓然一片遼闊，是蘭陽平原耶！

好久沒有到郊外透透氣了，你卻沿著筆直的高架道路一直往前開。你到底知不知道我也好想聞聞稻香的味道。一直到了整排海產店的蘇澳漁港，看見許多蜂擁至玉身媽祖廟的香客，怎麼你們還在聊著童年的趣事沒有想停下來的跡象，真是受夠你們倆了。

「咦！怎麼冷氣開到最強，吹出來的卻只有熱風？」哈哈！知道我威力了吧！這麼

久沒有出遠門，我也想停在蘇花公路旁看看一望無際的太平洋嘛，吹吹充滿陽光夢想粒子的海風。女孩竟然說沒關係把車窗打開就好，差點暈倒，誰教我就是跟了你，你的心就是從著她呢！

嗯！好，開慢點！蘇花公路真是好美的一條路，嚴格說起來不算是路，是一個超大咖啡杯的杯沿，裡頭裝得是湛藍大海。在我五萬多公里的歲月裡，沒有一次能如此兢兢業業地享受這麼美的天地。我想假如也可以跟女友一起來走這段，應該會沒有什麼遺憾吧！瞧！吹進車內的太平洋海風中無數陽光夢想粒子，兩個人笑得多幸福。

停在花蓮七星潭岸邊水泥斜坡上，左右拉開無止盡廣角鏡頭的海平面，要不要就在這兒安享天年呀！女孩脫下了鞋輕逐浪花，撇著頭想躲開浪花，瞧相機的快門一直按，真是值得珍藏的青春愛戀吧！

我的儀表板每次到999再走就會再變成000，許多次後我變得不再年輕。感受此般情景令我不禁想起我的青梅竹馬，一起坐貨櫃輪船來這國度的豐田豬肝紅小姐，掛著某人的一輩子車牌號碼的她好嗎？會不會偶然想起我？假如有機會在路上遇見我，會跟我打聲招呼嗎？還是就開著霧燈低著頭就那樣交臂而過？

不管如何，她應該跟我一樣老了，一樣有時會有一些感嘆，對自己身體有小小抱怨，但不可磨滅地是曾在一起的那段記憶。

不管如何，你要好好珍惜這時的光景，不要像我說這種老來惋惜的話。假如你能知道當下即是永恆的話，假如你明白世界的分針和秒針是沒有R檔的話，相信我，就一直緊握著那女孩的手。

結果你好像路上開車開得疲累了，不知道有沒有聽見我要跟你說的話。枕在七星潭海邊涼亭女孩的腿上熟睡的你，夢到的是什麼？只見女孩四處拍著風景也淘氣地自拍了幾張。

她在你肩膀上像彈鋼琴般地靈巧地撥弄著手指，拼湊出了宇宙的密碼。

在千萬排列組合中，很高興有生之年還能乘載你們倆那樣淡淡的契合幸福。

海風輕輕地吹拂著，心持續地跳動著。在我的照後鏡螢幕上映：有一群隨著溪流沖刷而來的石礫，任使七星潭的浪水來回洗淘，變成內餡甜甜，表面清新光滑的花蓮麻糬。

置身在湛藍海水邊邊的顆顆溫柔上，暖烘烘的豔陽下很容易暖和過了頭，我想也需要你們剛剛吃的淋上焦糖水的曼波魚銼冰，來為我稍稍過熱的水箱降點溫度。

天邊右上角輕柔飄到左上角的雲淡出後照鏡螢幕，留下連綿的山，無際的海在原地美麗。旁邊佳山基地起飛，尾翼漆著守護阿美族的馬拉道太陽神圖案的F16 劃過蔚藍，也留下心心相印的白色箭矢，跟轟隆隆海水湧動後關於你們未來的無限遐想。

不知道我光禿禿年邁的四輪頭皮，還能隨你們去追尋多遠的夢想，或許直到有一天我老得再也走不動的身軀被支解在廢鐵場裡，才知道其實我們的相片都像彩虹終會消失，不過卻真的已經俱足了。

花蓮的海真的好美，尤其是海洋公園沿海道路鹽寮那一段。你們找了一間有面海陽台的民宿，傍晚的時刻好不容易我也可以歇歇腳了，體力真的大不如前了呀！

保桿搖搖欲墜地快落齒了，難得你肯帶我來這寶島後山的海邊養生，看著你們的房間，窗簾由半開的窗戶被海風不停被吹擺。此刻的你們是不是在房間裡那柔軟的床被中輕抱著彼此，聊著未來的夢想。

請你要記得喔！幸福的方向盤可是握在你的手中，前方的路是崎嶇是平坦還看不到，但車裡每一個人都是你生命的全部，照顧他們免於風雨，分享旅程中所有美好，可都是你的責任喔！

微涼的夜裡，你們熄掉了民宿房間裡的燈，亮起陽台的燈。黑夜的海濤在你們窗外，恆常波動地守護著你們，一如我擋風玻璃上凝結的水滴，不是淚涕，是那種會一直相互守護的感動。

## 後記

風自火出，家人。君子以言有物而行有恆。下離上巽，離爲火，巽爲風。風得火可燃，火得風而盛，猶夫妻之道相須而成。家人話不必多，但要言而有物，行爲也有一定的溫柔恆常。《序卦》：傷於外者必反於家，故受之以家人。

文中：微涼的夜裡，你們熄掉了民宿房間裡的燈，亮起陽台的燈。黑夜的海濤在你們窗外，恆常波動地守護著你們，一如我擋風玻璃上凝結的水滴，不是淚涕，是那種會一直相互守護的感動。其畫面如同家人卦的想像。或用以〈tame〉。說文解字：居也。从宀，豭省聲。

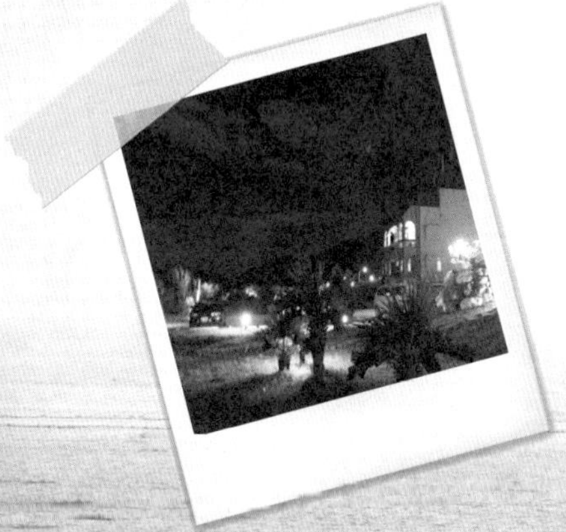

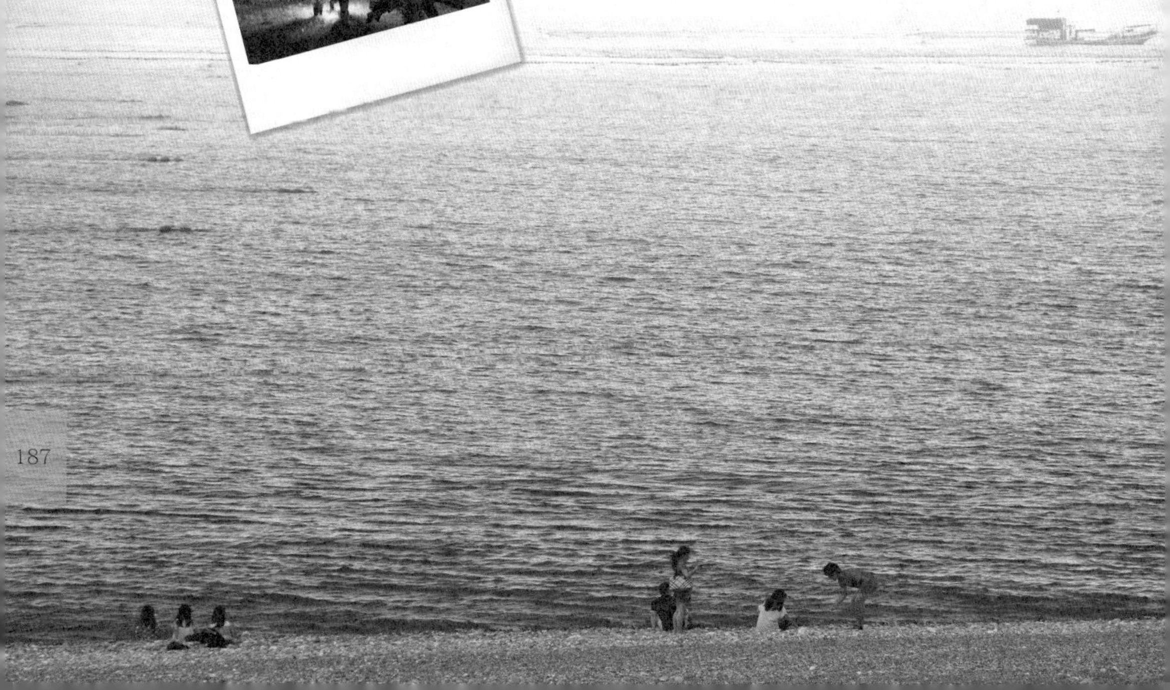

http://

# 大塊頭豪宅.台中

.com.tw

N 24.140247,
E 120.660959

書中的小王子原本並不認識狐狸的，可是狐狸對小王子說：你看到那邊的麥田了嗎？我本來是不吃麵包的，麥子對我而言並沒有用處，麥田也不會使我想起什麼，這有點悲哀。

但是你有著金色的頭髮，於是當你「豢養」了我，這將是很特別的事！那些金黃色的小麥將會使我想起你，而我也將喜歡聽風吹過麥田的聲音。

初初的西風拖曳著沒歿的金烏，吹拂著、映照著中台灣大塊頭豪宅。一樓大廳挑高聳立，大尺寸大理石砌成的兩根門柱，比肩而立沒有全然貼近的彼此，共同負擔二三十層樓的重量，也承載著樓上家家戶戶免於風雨的溫暖幸福。

我跟妳可以像兩根映著溫暖餘暉的大塊頭豪宅的柱子一樣嗎？

台中的大塊頭豪宅蓋得實在跟希臘的神殿太像了！在旁整個人都卑微起來，然至高無上的神竟不是萬能，所以神才派了妳來。為了要更靠近妳，我第一次來台中這城市長住。常常在等妳下班的時候，溜達瀏覽這城市的數大便是美，小吃店的天花板最少有三米高，透天厝群旁的美術館更是把巨大的裝置藝術當作玩具把玩，更別說大尺寸大理石築成的大塊頭豪宅部落。

超級瑪莉第三代的第四關是巨人國，小時候每打到這一關既興奮又害怕，磨菇壞蛋大了四倍感覺危險好多，但也變得可愛了起來。因為妳，我來到了巨大新奇的境界。

挑了一間播放著爵士樂，讓人輕鬆到甚至感覺有家的味道的咖啡館。黑色圍裙上有白色麵粉指痕的女服務生親切地招呼著：「這是今天的報紙，裡頭有刊載關於『她』的一切喔！」

我像是個即將要學測的國中生，緊張地認真搜尋所有可能的考題，深怕一漏掉就再也找不到答案。讀了愛的政治版和社會版索然無味，我想我要的愛並不是曖昧或可以計算。

滿滿娛樂新聞和預售屋廣告五顏六色吸引目光，不過我總算看清楚並找到答案，而且寫了二十幾次。在每一張報紙的最上方：當天的日期。嗯，答案就是：此時此刻我無法停止想念妳。

當我了解到這一點後，呼吸變得緩慢深長起來。呼吸太快的話便無法將這一刻的空氣，純然吸取轉換到血液裡，而越是緩慢深長就越是清新。

時間化成輕易撕開滑曳倒進咖啡杯的細砂糖，是正在播放的冗長爵士樂，浮標起伏充滿暗示性的一條長長釣魚線。

看著吧台內沸騰被吸上頂的咖啡，裡頭有一隻正要發威的魚不斷地冒泡，想吸取更多屬於他的氧氣。

誰知道愛的火苗說關就關，不著痕跡地，泡泡消失了，連賴以活命的水也瞬間乾涸了，只留下龜裂大地般的咖啡渣上片片魚鱗。

THE MAN OF
STEEL

魚的營養和靈魂就這麼精燉成濾網下深琥珀色的濃濃精髓，裡頭的DHA跟不飽合脂肪酸，專門減少愛的血液凝結，增加自身對愛的免疫力。如果加上那股勁道製成的細綿奶泡，更讓愛與不愛的骨氣變得更緊密。

有人喝了會在寒冬裡堅決；也有人喝了會在熱切中湧動。一切只有喝過的人才知道。

在這次地球自轉四分之一圈的同時，台中美術館旁還在播放同一首爵士樂的咖啡館，落地窗外風吹著落葉往花圃靠，飄流到花兒身邊的框框裡不走。

把自己用裡頭有魚鱗的咖啡渣埋起來，咖啡渣立刻發芽長出一棵LED的樹。上頭的跑馬燈這樣寫著：「謝謝你『豢養』了我，這將是很特別的事！那些映著溫暖餘暉的大塊頭豪宅，永遠都會讓我想起今天初初愛的種種。

我將帶著妳走以前總是一個人走的每一條路。遇到黃昏時，我會告訴妳日暮不代表黑夜要來，而是那種再也不用帶著行李的安全。」

把杯裡長了苔的最後一口咖啡喝掉，發現台中的一切都是形容妳的滋味！

## 後記

澤上有雷，歸妹。君子以永終知敝。澤上雷鳴，雷鳴而水動，象男女春心蕩漾相愛而成眷屬。《序卦》：進必有所歸，故受之以歸妹。

文中：我將帶著妳走以前總是一個人走的每一條路。遇到黃昏時，我會告訴妳日暮不代表黑夜要來，而是那種再也不用帶著行李的安全。即是「進必有所歸」，歸妹之意。或用以〈couple〉。說文解字：女嫁也。从止，从婦省，自聲。

http://
海水咖啡壺.
基隆港
.com.tw
N 25.131145,
E 121.740816

穿深藍色絨布褲子配上黑色滑板鞋的男孩，搭乘今天第一班火車到了基隆火車站，分不清黎明還是傍晚的微亮輕藍裡，走越空無一人的街道斑馬線，進入整片玻璃櫥窗都看得見海港碼頭的便利商店。

明亮的日光燈反射著被打掃得很乾淨的石地板，絨布男孩說：「不好意思！請問一下，架上的幸福這麼多種，哪一種才是絨布男孩尋找的幸福呢？」

頭髮讓理髮師剪得很俐落的店員說：「架上林林總總吃的喝的用的不同口味的，都是幸福，只要你確定將來會幸福，每一樣都是幸福，知道嗎？」眼睛瞪得大大的絨布男孩：「喔！真的耶。」

正當絨布男孩為了要挑選而隨意繞繞的時候，怎麼地面有一聲重物落地的震動，唉呦喂呀！怎麼會有一隻海豹在挑選關東煮呢？

「咦！妳怎麼會來離妳海裡的家這麼遠的地方，而且還要買妳同類打成漿做成的關東煮。」海豹伊伊阿阿地用高音頻想回答些什麼。

俐落店員說：「聽說她原本是隻美人魚，想用美妙的聲音換雙腿好遇見王子，誰知道被兩個假裝是王子的人騙了，就一直流落街頭，半夜或沒有人來的清晨，她都會來這兒吃關東煮。」

海豹挑了鮮蝦棒、黃金魚丸和菜頭串放進已經裝了熱湯的杯子裡。

俐落店員說：「你一定是外地人喔，你知道嗎？這兒呀，在好幾年前可是深海喔！

你看旁邊獅球嶺本來是北海龍王住的寶宮，再過去一點的基隆山就是北海龍王埋葬的地方，那隻可憐的小海豹以前是在山腰上的咖啡館打工的優秀員工呢！後來有一天因為在咖啡館工作的時候不小心打破了咖啡壺，整片大海就突然乾涸變成了陸地，海豹因此內疚到不行，北海龍王因為沒有大量的海水可以喝，一天比一天乾枯虛弱死掉了。」

「小海豹想起有人說王子喜歡她，說不定就可以跟王子一起承擔這眾人所指的壓力，於是用那煮咖啡攪拌時輕哼的歌曲，所有客人都喜歡聽的美妙聲音換了兩條腿想要找尋王子。」

「第一個假裝王子的人因為喜歡騎著腳踏車到處打獵，也要海豹每天騎腳踏車去學打獵，海豹每天都用力地陪著一起騎，直到有一天腳不聽使喚長出魚鱗，沒辦法騎了，那個假裝王子的人就原形畢露地不要海豹了。」

「喂！你幹嘛一張傻掉的臉？」絨布男孩收起咋舌。

海豹已經吃完了鮮蝦棒、黃金魚丸，正吃起菜頭串，一副像事不關己地看著櫥窗上貼的五月天演唱會海報。

俐落店員繼續說：「第二個假裝王子的人是這裡大地主漁夫的兒子，專門捕秋刀魚。那一年大豐收所以買了金項鍊和皮帽，海豹看見他以為是真的王子，好高興，誰知道過了不久光景，漁夫的兒子就承認自己銜著的家業就是專門獵殺海豹的同類，包括海豹，應該算是敵人偽裝成的王子。」

約莫四年多前，海豹好傷心好傷心地過著離群索居的生活。這附近的商家都知道打破咖啡壺造成海水消退不是海豹的錯，輪流拿好吃的食物餵養著海豹，海豹也漸漸地習慣這樣一個人的生活和默默承擔難以彌補的錯。

這時吃完關東煮的海豹一邊走近櫃台一邊發出「嗯～伊～」的聲音，像是要反駁什麼似的，俐落店員也止住了嘴，把話吞了回去。

絨布男孩一面覺得奇怪一面又想知道到底是不是真的，問：「可是我住在不遠的地方，但我從來也沒聽說過基隆這片土地以前是深海？」

俐落店員邊換著整捲的統一發票，邊算起今天收銀機裡的零錢，就是不看絨布男孩。

「你看裡邊的大冰箱。」絨布男孩定睛一看，真的耶！冰箱裡面有扇貝18元、海螺第二件7折，還有紙盒裝的寒天珊瑚，打開冰櫃門，排得整齊擺在最上方的海星沒有標價。海豹不知道吃飽了沒有，多買一個給她吧！

轉身一看，熱狗滾輪台上還是轉著滿滿油滋滋的熱狗，卻已經找不到海豹的身影。

「叮咚！」一聲，海豹正溫吞吞地一步一步走出剛打開的便利商店大門。

海豹喝完了熱湯咳了兩聲：「咯咯！你在忙什麼呀？天已經亮了怎麼還不回家？」

絨布男孩說：「我搭了一整夜的火車來這兒尋找聽說的幸福，但是摸不著頭緒，也不曉得幸福是什麼？在哪裡？」

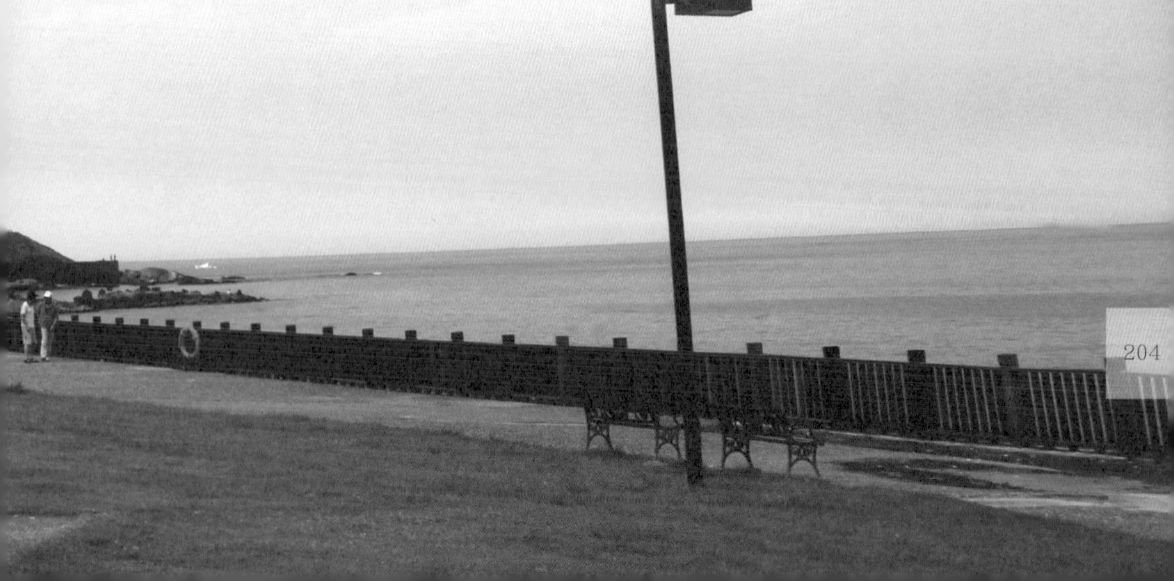

海豹說：「我已經很久沒跟人講話了，噓！偷偷跟你說喔！幸福是一種保育類的動物！既然叫做保育類就是一定很脆弱需要人呵護，而且一定很少見，恐怕不容易找到喔。」

「我該怎麼辦？我家鄉的阿公說來這兒就能擁有幸福，所以我將身上所有的錢，買了好貴的票來這兒，假如找不到的話真不知道該怎麼辦才好？」

絨布男孩像要淘氣嘟著嘴，賴著不自覺發出高音頻伊伊阿阿的海豹。

海豹不知道是同情絨布男孩，還是真的被他那顆執著追求幸福的心感動：「不然我帶你去我住的地方，那裡的人們都很好喔！他們也許會知道那東西是什麼形狀。我希望你不要抱太多希望，畢竟在海水消退後，大

家不像以前在深海那樣悠然自得，想聊什麼都可以天南地北喋喋不休聊個不停。現在只有垃圾車來的時候，街坊人們才會寒暄一下，不過你放心，在我住的地方我可是個名人，我想應該能幫得上這個忙。」

俐落店員拿著塑膠做的玻璃括刀刮著店裡明淨的櫥窗，發出尖銳的摩擦聲好像在提醒絨布男孩什麼。

絨布男孩上揚的嘴角對海豹說：「好啊好啊！假如有你這個在地名人帶路的話，一定能找到傳說中的幸福。」

茲！茲茲！碼頭邊原本高舉雙臂的橋式起重機，開始慢慢放下變成橫亙在空中的吊臂，把絨布男孩和海豹像貨櫃一樣吸上天空；茲茲！茲！緩緩地大角度移動後，橋式起重機將絨布男孩和小海豹輕輕地放下到地面。

海豹若無其事地說：「我住的地方叫做和平島，也叫做社寮。」

絨布男孩還沒反應過來，海豹接著又說：「跟你介紹一下喔！『社』是原本小丑魚住的地方—海葵的名字。『寮』是後來海水消退螃蟹來此寄居留下的房子—石花菜的名字。為了以後的人記得這兒的變遷歷史，也為了小丑魚和螃蟹能和平相處取了這樣的名字，請你別見怪喔！」

絨布男孩想問什麼，不過海豹自顧自地就一直往前走。跨過了連接到島上的和平橋，沿著奇岩怪石的島邊海岸，絨布男孩想像著這兒以前是深海，曾經住著許許多多的熱帶魚，就在現在經過的地方悠遊或是嘻鬧呢！對了！還有可愛的小丑魚和海葵！說不定一會就能見到！

海豹在一間看來香火鼎盛的廟前停下腳步，一個老人在廟前廣場用蛇皮做的三弦琴，彈奏著不知名的演歌系歌曲，還有一隻貓正在懶懶陽光下打著哈欠。

海豹走近老人，打斷深遠的演奏，對老人說：「喂！」老人像難得看見海豹主動找人講話，便有點吃驚地打量起在海豹旁邊的絨布男孩。

海豹說：「他是我朋友，從很遠的地方搭了很久的火車來這兒，說是要尋找幸福。」

老人抓一抓白髮蒼蒼的頭皮說：「這樣呀！我小時候因為海水剛消退非常貧窮，曾經聽說過在遠方的山裡，有一個石頭縫會源源不絕地湧出白米，那是那時候我們的幸福呀！」

海豹像自言自語地說：「那是那時候的幸福呀！現在有麥當勞又有便利商店那麼多吃的。」其實海豹忘記自己每天吃的食物是大家拿來餵養的，還說出那樣不知珍惜的話。

老人接著說：「那時村裡的男孩都像絨布男孩那樣，為了證明自己已經長大是成年人，就會下定決心去追尋幸福，結果總會帶著滿滿布袋的白米回來。然後在社寮天后宮開派對，村裡每個人都歡心鼓舞，每個村中長輩都衷心希望自己的孩子去追尋體驗並帶回幸福，成為一個頂天立地的大人。」

絨布男孩聽得入神問起老人：「那充滿幸福的地方在哪呀？我也要去！」

老人說：「已經幾十年沒再聽說村裡有誰去找到真正的幸福了。」

海豹好似應合地說：「對呀！我以前還

相信有那樣的東西，現在我早就習慣放棄不相信了。」

老人說：「海豹就是這樣，每天無精打采地，大家明明都跟她說過了，打破咖啡壺造成海水消退不是她的錯。她還是每天責難自己逃避大家，唉！也怪當初那兩個假裝王子的人太過份，帶給她那麼大的希望又讓她那麼樣地傷心。」

絨布男孩也覺得難過，想安慰地對海豹說：「海豹呀！妳別再難過啦！上天其實派我來要跟妳一起去尋找幸福，體驗幸福，擁有幸福。只要一直相信幸福就在不遠的地方，我們一起走一起找終究會找到的。」

海豹有點被絨布男孩的話感動說：「好！我們一起去，一定會找到的。」隨即又問老人大概的路怎麼走，老人說記憶中是

要往日落的方向一直走，看見一個像大火炬的光華塔之後往山裡走就能找到了。

老人說得不清不楚，海豹跟絨布男孩的身影卻已經走入像咖哩飯那樣黃黃的落日刺眼光線裡了。

走著走著從黃昏走到藍色天空的月亮探出頭，還有一片粉紅色的彩霞一路上陪著絨布男孩跟海豹。到了光華塔的時候頭頂上已經佈滿密密麻麻的星星了。

防波堤外的大海上有四艘大型貨櫃輪船，排成一列準備進入基隆港。絨布男孩因為走很多路所以肚子很餓，海豹像有心電感應一樣，把滿天星星當作白飯，貨櫃輪船當作餡料，用眼前一大片海洋捲起來包成一個壽司。

「雖然沒有什麼味道，不過這是我用心幫你準備的愛心便當喔！」

兩個人就坐在防波堤上大口吃著美味，絨布男孩邊吃邊說：「不知道老人說的幸福是不是真的在山裡，現在的我覺得自己好幸福喔！」

海豹一面咀嚼一面望著遠方，好像也感覺到雙份的滿足。吃飽後絨布男孩躺在堤防水泥地上，吹著海風說：「其實幸福是無所不在的，不用特別去哪裡尋找，只要能感受身邊的人的用心關懷就是幸福啦！」

海豹想起在火車站旁便利商店遇見絨布男孩，一路到光華塔底下的防波堤，這個男孩確實好善良好認真的樣子。假如就這樣一直在一起，說不定將來可以一起開一家咖啡館，輕哼著歌曲攪拌咖啡壺過未來的每一天。

絨布男孩牽起了海豹的手說：「不管能不能找到老人說的幸福，我要妳答應我，以後的每一天妳都要很快樂，我也會陪著妳，讓妳不再一個人難過。」此刻絨布男孩才發現幸福不是任何形狀，而是在尋找幸福路程中的責任，關照自己跟那個一直在自己身旁的人。

風持續地吹，夜也開始涼了起來。從防波堤往陸地看，黑夜中只有情人湖上面的老鷹崖，一座城堡還亮著燈火。

絨布男孩說：「我們先到那亮著燈火的城堡問問看，可不可以讓我們度過黑夜好不好？」海豹點點頭，絨布男孩牽著海豹的手往城堡方向走去，細細的月亮正甜甜微笑著。經過了波光粼粼的情人湖湖心的吊橋，爬上了老鷹崖，城堡的門是半開著，「喂！有人嗎？」沒人應答。絨布男孩推開城堡大門，走過庭園步道進入城堡的廳堂，壁爐裡的柴火正熊熊燃燒著。

燈火通明蓬蓽生輝的宮廷裡，海豹的眼睛閃耀著光彩。童話中王子與公主過著幸福快樂的日子的地方，這樣實實在在地出現在眼前，海豹說不出話地安靜起來。

絨布男孩到處探看後打破寂靜說：「這個城堡裡沒有人，我們今天暫時在這兒休息，希望不會造成任何人的困擾。」

把房間的柔軟被單跟羽毛大枕頭拿到壁爐前，為海豹蓋上溫暖。靜靜地躺在海豹身旁，看著海豹，雖然不知道明天之後會如何，但是此時此刻就像是永恆一樣，教人忘記了時間。

海豹臉上映著忽明忽暗的爐火光輝，長長的眼睫毛一連眨了幾下就沉沉地睡著了。

絨布男孩細想今天所發生的一切，「追尋幸福的過程是不是幸福本身呢？」

沒有答案，身旁的海豹均勻地呼吸聲，讓絨布男孩覺得好安心好溫暖。

不知道過了多久，壁爐裡的柴火差不多都要滅了，天空已經泛起魚肚白，晨曦的光線透進大大的落地窗，照得海豹像水晶一樣絢爛美麗，絨布男孩終於忍不住，輕吻海豹彎彎眉毛上的額頭。

就在輕吻海豹的同一時刻，山上的大武崙砲台竟發出二十一響禮砲。巨大聲響代表的是迎接最重要的貴賓，熟睡的海豹在第三響的時候，眼角開始流下淚，順著臉龐滴向地面。那滴眼淚碰觸到地面時，化成一大片上升濃霧的水蒸氣。

魔咒自此解除了，絨布男孩也變成了海豹，兩隻海豹彼此對望著。

第二十一響禮砲後，矗立海邊的協和電廠那三根大煙囪，開始湧出大量白色泡沫的海水。

海豹打破咖啡壺造成海水消退之前，絨布男孩跟海豹是青梅竹馬一起長大的戀人。海水消退之後所有的記憶也一起消退了，彼此忘記了彼此，直到那不經意的一吻，才解除了大海的魔咒。

絨布男孩變成的海豹說：「一直以來我們都不是自己一個人，現在才了解原來所追尋的幸福，其實是包含妳的自己。」

協和電廠那三根大煙囪，不停地將大量海水噴向彭佳嶼、棉花嶼、花瓶嶼，在蔚藍的天空中劃出了三道白色弧線。

海平面漸漸地淹沒了火車站旁的便利商店，淹沒了和平島的房子，淹沒了光華塔旁的防波堤，淹沒了老鷹崖上的城堡。直到海平面跟協和電廠的那三根大水管同樣高，才停止再湧出。

基隆山山腰上的咖啡館，我透過咖啡壺裝滿了這一切。

兩隻永遠結伴的海豹在大海裡逗玩追逐彼此，幸福還在不遠的地方。他們一起尋找幸福，體驗當中幸福，最後終能擁有真正的幸福。

## 後記

上火下澤，睽。君子以同而異。離爲火，兌爲澤，火向上炎，澤向下潤，相互背離。意即形象相異狀態，卻看到其中可合之點、可同之處。《序卦》：家道窮必乖，故受之以睽。睽者，乖也。乖有悖離、矛盾之意，也是在愛中求同存異的現象。

文中：絨布男孩變成的海豹說：「一直以來我們都不是自己一個人，現在才瞭解原來所追尋的幸福，其實是包含妳的自己。」。亦是「睽」的合意。或用以〈dispart〉(discordance)。說文解字：目不相聽也。从目癸聲。猶一目不同視也。

http://
時間夾角．北投圖書館
.com.tw
N 25.136365,
E 121.505659

一個像是在準備期末考的高中生坐在我的對面。一時轉甩手上的原子筆，一時拿起螢光筆在講義上畫重點。掀半開的木格窗戶，讓夾雜硫磺味的綠色植物暈染進來。

身旁坐一位年輕男士正在使用筆記型電腦，瀏覽 YouTube 裡關於預言世界毀滅的電視節目剪輯片段。

圖書館裡我的專屬桌燈沒有打開，我還在想為什麼我的手錶停止不動了？黃色公車緩緩馳過窗外，我的 swatch 應該是沒電了。

我回想來的時候。搭上紅色淡水線，冒出地面後，見著紅黃圓山飯店，便駛跨過基隆河，搭一陣中山北路的綠衣，經過一片頂樓加蓋的老舊公寓，數了五十六個不銹鋼水塔，到玻璃帷幕造的北投站。北投站轉乘新

北投支線，捷運車廂裡繪著木紋，置物架是浴桶的新北投車廂，裡頭有兩對情侶提著旅行袋，也有扶老攜幼的家族。

從新北投捷運站前的噴水池，沐舒適陽光徒步走不到五分鐘，進入門口松木參天的北投圖書館。挑了一個靠窗的座位，沒有空調半掀開的窗，看得見北投公園，裊著白煙的潺潺北投溪。

時間到底是在經過路上的哪棵樹，還是數到第幾個不銹鋼水塔的時候停止了？

窗外蓮花池旁，一個父親跟兩個小孩還在嘻鬧與管教的輪迴裡。溪流聲彷彿還在伴唱上個世紀的那卡西。路燈在天還是亮的時候點亮了。swatch 裡的時針與分針卻還是同一夾角，是第四種時間性，不尖銳也不永恆。

好吧！既然沒有時間限制，就來想想北投之於我吧！小時候曾經一家人來北投地熱谷煮蛋，印象中父親喝斥不可以靠近不停冒泡，蒸騰煙霧的煮蛋濁池，人潮來來往往，聽說就有小孩掉進池裡被燙傷。

後來高中時騎摩托車聯誼夜遊想領同伴一探究竟，也因為封閉而找不到地熱谷。高中好友帶我到北投溫泉公共浴場，是現在改建好的溫泉博物館，那時荒煙蔓草中斑駁破舊的售票亭，實在陰暗恐怖，後來才改去了中興百貨看凌晨四點的電影。

那時候中興百貨還有徹夜人潮到天亮的路邊攤。電影裡的勞勃瑞福已顯老態，他的歲月在電影螢幕裡永遠在流動也永遠靜止，就像擱淺在北投溪裡的北投石，永不打烊地放射微量元素。

在北投圖書館裡尋找翻閱北投的興衰歷史，有種把時間灰塵吹開的感覺。

那卡西在日據時代是南管和三味線的伴奏，到了上百萬人從基隆港上岸之後，變成了吉他和手風琴的伴奏。相同的是溫泉鄉沐浴後的清淨，所需地歌舞鉛華。

1967 年冬至那一天，美國「時代週刊」以北投溫柔鄉為題，介紹北投溫泉，文中刊載一位當時駐防在台的美國軍人與北投女侍應生共浴的照片，為端正視聽，北投的風化業被當時政府廢止，北投溫泉開始沒落。

時序轉進，那卡西音樂聲不再飄揚白煙硫磺。浪漫沒有標準化，是可以隨意換算經度和時間的複雜鐘面。

我敲敲手上的 swatch，輕調旋鈕。1902 年巴黎寒冷的夜裡，居禮夫婦快步跑到破舊的棚屋，她的先生要打開門，習慣性伸手要去開燈，居禮夫人卻急切地說：「別開燈，瞧！」

黑暗中，他們用了成噸的礦渣，經過幾萬次所提煉取得 0.1 克的純鐳，發出柔和的藍光。他們夫婦倆摸索著椅子坐下來，緊緊依偎在一起說不出話，就在那一刻時間夾住了。

久久凝視著這美麗的藍光，那是他們日夜奮鬥換來的心血和結晶。人類歷史嶄新的原子時代，時針跟分針在交夾的空間中閃耀。

窗外北投溪源源不絕的溫泉水如肯地青濯透黃，溪裡北投石蘊含的微量元素正是「鐳」，流淌經過北投圖書館的腰際。

同樣的一種稀有元素，在不同時間裡跟不同元素競合，產生不同的化學反應，是北投的沒落跟繁華。

人們的化學週期表裡，有些相加是會得到，得到幸福；有些的互斥則是會學到，學到溫柔。不管自體與誰增生或為誰磨損，總會在時光的浪潮和生命的沖洗中，自給自足。

北投圖書館是台灣第一座綠建築的圖書館。與北投公園自然環境完全融合的生態建築，外形結構都以木頭為主，就像一座大型的樹屋。

屋頂的太陽能電板，提供自身的用電。屋頂還有種植草坡涵養水分，可以將雨水排水回收利用，澆灌園內植栽和沖水馬桶。整棟扇形立體的木造建築，跟整片山林溪泉的大地結合，是質量守恆定律，沒有產生新的，也不會破壞原本已有的。

觸摸木質桌面，我誠實告知對北投的愛意。雖然北投本身充滿非線性的化學現象，但對我的相互作用是極具穿透性，就如同那穿透了我的愛戀，讓我至今仍然不停放射的透明想念。

轉弄手錶旋鈕，發現時針跟分針每個鐘頭都會相疊一次，原來是這緣故，我才會如此頻繁地將記憶停格在那年春天，櫻花林間執行的滿地浪漫，那些結晶長期輻射著我。

壓下手錶旋鈕，還是不動，算了！就讓它一直沒電下去吧！

坐在我對面的高中生闔上書本，起身像要去用餐。我不禁羨慕起北投人，有這麼一座穿越時空，雅緻質感的木造圖書館，裡頭滄桑的紋路跟磺水的脈動。

北投在光明路和中山路的時間夾角，孵出了這溪語書香的新符號。我在這發微旅行神遊思量，度過了一個愜意內含微量元素的下午。

天涼了，我還沒想去泡北投的青磺溫泉。等這隻停了的 swatch 換了新電池，我一定會再來北投，浸泡在溫暖裡。

離去時發現衣角上的蒲公英，輕輕的葉羽在時針跟分針靜止的夾角裡附著著我，散佈著我輕輕的白色足跡。時間從沒停過，永遠也不會停下來，只有那些溢出來的時間。

## 後記

水洊至，習坎。君子以常德行、習教事。坎爲水爲北，重疊的坎更是洊至，水流不停的樣子，像時間一樣流動永遠不停，前進的路上橫亙著重重艱難，仍然不停止向前，難改變自己流水的本性。《序卦》：物不可以終過，故受之以坎。坎者，陷也。

文中：轉弄手錶旋鈕，發現時針跟分針每個鐘頭都會相疊一次，原來是這緣故，我才會如此頻繁地將記憶停格在那年春天，櫻花林間執行的滿地浪漫，那些結晶長期輻射著我。即陷在「坎」裡的樣子。或用以〈water〉（current）。說文解字：陷也。从土欠聲。

http://
蚵嗲．
嘉義布袋
.com.tw
N 23.37992,
E 120.155497

把剛炸好的布袋鎮麵衣咬開，一股濃郁的韭菜味搭配鮮蚵仔的肥碩多汁。因為有點燙慢慢咀嚼，而越是慢慢咀嚼就越滋味萬千，蚵嗲裡頭有海，有布袋的自在。

台61線西部濱海公路是島嶼與台灣海峽的筆直騎縫處。

逍遙地疾駛在公路上，填補島嶼跟海之間的嫌隙，和我那一直凹凸不平的生活。平坦的高架道路上，連風都胡亂自在地吹，可以向海透露心意，也可以對島嶼傾訴真情，彼此之間完全沒有利害關係。

公路上經常目光所及前後左右都沒有車，加足油門會有一種凌空的感覺，像在三萬英呎高空雲層上，戴上機長的帽子，對機上人員點個頭，便將手控動力檔推至最頂，巨大柔軟的雲朵被安穩撥開。

直到要接台17縣道時，才碰到北大西洋的冰山。布袋鹽場那雪白的鹽山，烈日下閃耀大地辛勞後的淋漓暢快，是北回歸線在嘉義，用古老唱片機的唱針，反覆研磨熱帶跟亞熱帶的音軌，刮出滿山遍谷的雪白鹽花，播放陽光當年在此地的成就。

布袋鎮是八掌溪沖積嘉南平原的漁村聚落，居民養魚、補魚、曬鹽。路上一畦畦乾涸的棋盤鹽田，早已煎熬蒸發，羽化成阡陌藍天裡的白鷺鷥，飛往台灣海峽的方向尋找今年烏魚的行蹤。

每年冬至過後，中國沿海的烏魚洄游南下產卵，就會經過台灣海峽的這裡準備交配。到布袋沿海的時候，卵巢在交配前最成熟的時候，漁民捕撈上岸取出醃漬，然後曝曬，就變成真空包裝宅配到家的烏魚子。

海埔新生地的道路向海直去，一畝畝的蚵架，像無盡連串的聖誕節燈飾，是蚵殼穿線編結，用竹竿固定在淺海的蚵苗棚架，再等上幾個月，就是肥大多汁的蚵仔了。

路旁許多人家的門前有許多蚵殼堆成的大山，旁邊一定就會有幾個大人，食指戴著橘色指套，另一手拿著蚵鉗坐在板凳上，仔細地挑出肥碩的蚵仔，有點腥鹹的海味，新

鮮地將海洋的肉身恩賜給人們。

到了布袋港的觀光魚市場，假日的人潮熙來攘往，蚵仔煎、花枝捲、蒲燒鰻、土魠魚羹、虱目魚丸湯各式海鮮小吃料多新鮮又便宜。我把剛炸好的蚵嗲咬開，就像被「嵌」布袋一樣，被海完全包覆。布袋鎮是個大蚵嗲，在高溫中喃喃地做自己的手工細活，麵衣是一望無際的嘉南平原，裡頭裝得盡是海洋的結晶菁華，熱熱地不時蹦口的水分是討海人的甘甜汗水，漁船入港時那樣迎風的爽快。

布袋港口是一個倒風內海，突出於嘉南平原的潟湖間，船隻出入像從布袋口進出，所以取名為布袋。我倒覺得是肚皮很大的布袋和尚背上的百寶乾坤袋，裡頭裝了什麼，一定要親身走過一遭才知道。鹽田蒸發而成的彩霞，織染蚵棚水面的浮華，再由養蚵人汗水換來風中的自在，沒有幾番波折怎會有如此明暢。

回程路上我想那句揭語：「坐亦布袋，立亦布袋，放下布袋，如何自在。」

我應該還沒放下布袋，去過布袋鎮之後，我將我的布袋咬開一個小洞，讓布袋裡凹凸不平，大大小小的種種，在路途中慢慢地流洩出來，等我真正長大像烏魚那樣迴游時，再一一領回當中馳騁的里程數，用高粱酒點火乾烤，跟三五好友啜飲嚐饈，聊聊布袋的美，布袋裡外的自在。

## 後記

山下有雷，頤。君子以慎言語，節飲食。上艮下震，震爲雷，雷出山中，天地養育萬物之時。如同嗷嗷待哺的口腔，上下兩個陽爻像是張開的口唇，中間四個陰爻像是兩排牙齒，食物將由口中進入，滿足生存的基本需要。亦可反應各種制約下的社會行爲。《序卦》：物畜然後可養，故受之以頤。頤者，養也。

文中：把剛炸好的布袋鎮麵衣咬開，一股濃郁的韭菜味搭配鮮蚵仔的肥碩多汁。因爲有點燙慢慢咀嚼，而越是慢慢咀嚼就越滋味萬千，蚵嗲裡頭有海，有布袋的自在。就是「頤」的體現。或用以〈foster〉。說文解字：顄也。象形。凡臣之屬皆从臣。頁部曰。顄、頤也。

http://
格陵愛藍．綠島
.com.tw
N 22.676877,
E 121.466437

我在台灣的格陵愛藍（Green Island），在台東外海太平洋上的一個島嶼，這兒有終日炙熱的陽光和怎麼說都說不完的清涼故事。

記得我剛滿十九歲，在那時的綠島監獄當打掃女工開始，一直習慣著被眾星拱月，每次那些在工廠做工的學員放風時對我的放電、吹口哨，時常叫著嘿漂亮妹妹給人家虧一下、巴士上那帥哥囚犯丟給我的字條那些遙遠記憶，有時候想起時，還像現在招待我老公的客人，現捕現煮的魚湯那樣鮮美。

我們家世代都住在綠島，到現在我還是分不清那些魚是什麼魚，只知道好吃，吃了對身體好。當年莫名其妙地嫁給我老公，到現在仍沒有一絲絲後悔，而且還覺得還挺好的這種感覺。

嫁給他的第二年他就當上了我們這郵局的辦事員，日子也過得輕鬆寫意，但坐在冷氣房裡並沒有讓他找到自己，他沒有對我說，我卻始終知道他沒有辦法對我說出心裡的話。那時家裡客廳牆腳總堆著一長串列隊的保力達B，所以我知道那時候他的人生分數是B，不是B＋，也不是A，是B。不過也不差，我們有自己清涼房子和寶貝女兒。

當了郵局的辦事員五年後，我們島上送信郵差退休了，局長像從我老公的眼尾紋看穿他的心思，遞補他當上了郵差，新水跟辦事員是差不多，但多了外勤津貼，筆挺挺的綠色制服，從小認識的島民尊敬的眼光，還有郵局標誌的綠色野狼125可以加公家的油，我覺得他帥極了！我彷彿重新愛上他，嫁給他。

那時要分寄的信不多，早上十一點不到就把信送完了。

中午之前就回家，時常會帶著兒時同伴的漁夫剛補的魚回家，一起烹調著，印象很深刻，有次我扙魚鰓不小心被魚鰭刺到流血，幫我包紮好傷口後在我左手虎口上寫個「鰓」字說：「魚鰓是你，因為有你，我才能呼吸。」

老實不多話的他第一次跟我講這樣肉麻的話，當下的我心怔了怔。當晚在他的打酣聲中，我著實地徹徹底底哭到不行，那個夜裡的的確確地知道，我的生命是完整的，是被包圍逃不掉的幸福，那是二十年前的事。

我右手食指的疤現在要找恐怕也淡到找不到了，不過無名指的海鷗造型翡翠銀戒指是直通心臟，還緊緊圍繫著靈魂精神生命！

郵差老婆的身分讓我在菜市場時爾有許多免費好康，可是最大的好康我覺得應該是坐在郵差綠色機車後座，聽著他因為被海風吹怕我聽不見，大聲而會噴口水到我臉上的居民八卦。

有時候也會兩個人什麼都不講的沿岸環島半個鐘頭行。朝日溫泉前面一點的海岸，遠眺有兩個大礁巖的景點—睡美人和哈巴狗，千古以來地彼此不語，日夜相守不棄。

這輩子我還沒買過樂透，但卻中了頭彩，而且頭彩像哈巴狗一樣可以讓我撒嬌耍賴，坐在後面摩托車環抱依靠。

因為颱風往返台灣本島的船停駛，沒有交通船飛機也停班的第二天，一切都像沒電池的時鐘一樣停滯不動。今早我們六點就起床，說要帶我去巡視災情，一路上陳家張家李家的，雖然雜貨店和「7-11」的食物架上空空如也，可我的心是充實而簡單。

現在的他正招呼著他當兵同梯的兒子帶來的一群年輕人。瞧他說得一口人生哲理，真的，像太陽溫暖著身邊每一個人。

今天的菜有本地產炒絲瓜、花生醬炒地瓜葉、五味花枝，還有我拿手的雜魚麵，年輕人們和他都大口大口的吃著，其實我就是愛著這個家，生活的一切。

一個年輕人說著每個來綠島玩的人都會說的想在此生活，我跟老公也真心附和著，「歡迎呀！」、「要常來喔！」啤酒喝得沒有幾分醺，年輕人們說要回旅館睡一下，約晚點大夥一起吃羊肉爐，外頭是火燒島的炙熱，年輕人走後我們家可是涼快的城堡。

綠島呀我的家，午後兩點半室內傳來陶然的海濤聲，是真正的體現。

按照慣例晚餐前，先帶年輕人去環島。機場旁的導覽館，綠島燈塔熟識的管理員打開柵門讓我們一群人入內參觀，有我以前工作現在卻不復存在的綠島監獄，觀音洞旁的海菜炒蛋、保力達B套水、島東的羊肉爐。

年輕人好奇的問：「這島還蠻小的呀！」你們常在這在那不會覺得膩嗎？老公笑而不答，我想他想要說的是：會有不同的笑容呀！何況一直在身邊才能更珍惜呀！

我們特地挑了羊肉爐店裡角落低調的一桌，誰知熟識的老闆一進到店裡還是往我老公旁拉了一張椅子過來，聊了些三八兄弟的事情。

年輕人們吃得跟聽得都津津有味。老闆的耳垂很大，應該說是島民每個天生耳垂都很大，老一輩的常說，耳垂越大越有福氣，真的耶！住在這兒的人都非常有福氣的。嘻！我也是。

羊肉爐店門口的海面上升起巨輪明月，賓主盡歡的我們這一桌。年輕人們吆喝的說想去燈塔旁的沙灘烤肉，喝他們自己帶來的紅酒。跟老公一起到燈塔旁的沙灘時，年輕人還抓了隻陸蟹新奇研究，還真是融入這的一群年輕人呀！

那年輕人唱著應景的綠島小夜曲，酌著半瓶埋在冰涼礁石海岸的紅酒。

他開始說有點小的雄心壯志，百萬瓦的燈塔旋轉燈照映三海浬外的大海。我想，不只三海浬吧！幾百萬光年外蘊藏著所有未知的星球，應該也反應著這刻的光景。

有一顆超級大流星在我

們身後亮起整片天空，整片大地忽如白晝。綠色的光持續了至少10秒，從那年輕人大喊流星開始沒有人再發出聲音，這段時間沒有算在實際的時間裡，是向宇宙黑洞偷來的無止盡時間。

映在海面上的是我，海是星最終的家，星是海最好的禮物。

這顆星裡我歷經了生、老、病、死。死是在深邃的真愛裡，好美，好美，連從小看滿天星斗，司空見慣的我都無法自拔。我知道這是老天爺照相機的閃光燈，把愛的這刻一覽無遺地記成永恆。

我知道這群年輕人裡至少會有一個，像我一樣充滿愛，活在愛裡。我知道！

# 後記

雷風，恆。君子以立不易方。上震爲雷，下巽爲風。從自然界看，風雷激蕩，使宇宙常新。這種交相感應的過程，陰陽互順，動而無違，配合默契和諧融洽。

《序卦》：夫婦之道，不可以不久也，故受之以恆。恆者，久也。立不易方即是恆之道，不改變其方向及方位，完全順其自然。

1.文中：有時候也會倆個人什麼都不講的沿岸環島半個鐘頭行。朝日溫泉前面一點的海岸，遠眺有兩個大礁巖的景點—睡美人和哈巴狗，千古以來那樣地彼此不語，日夜相守不棄。雖日常即「恆」之自然長久。或用以〈usual〉(eternal)。說文解字：常也。从心从舟，在二之閒上下。心以舟施，恆也。

http://
繞路．
宜蘭五峰旗
.com.tw
N 24.833003,
E 121.744995

第一次來宜蘭的時候，有著連續兩夜不睡，拐十八個彎也不累的無照駕駛的無敵青春。經過凌晨熱鬧的坪林茶葉蛋，到清晨一局十元的羅東保齡球館，打到手酸無力，才帶著正午的豔陽，靠著北宜公路的離心力，到烏來的深山。

一起長大的兒時同伴與我，一絲不掛地跳下十米高的溪裡，濺起大水花的年輕，就存在那年夏天的那裡。

現在再來宜蘭就不用走北宜公路了，也繞過了再也找不到的蜿蜒燠熱，原來可以筆直，但每個年輕人總得多繞許多彎，才知道路怎麼走。蘭陽平原那一望無際的萬頃良田，成熟飽滿而低著頭的稻穗，正說明了一切關於成長的種種。

工作了六年，自以為是個小有成就的小主管，無預警地公司停了業，想說許多年都沒有好好休息過，老闆把公司鐵捲門拉了下來，我也可讓自己有些疲累的心稍稍喘息。知道自己是有本事的，不擔心交通黑暗期。

沒有玩過線上遊戲的我，竟開始在虛擬的世界裡交到許多朋友，在電腦前沒日沒夜地練等級，買賣寶物。有次早上七點多，線上同伴一個個離線，我卻絲毫沒有一丁點兒睡意，想著填飽肚子應該會比較好睡。

人聲鼎沸的早餐店同桌的一對父子，不多話地各自低頭吃著早餐，著西裝的孩子說吃完要去上班，父親輕輕地說了聲：「今天加油！」這一切像喚醒蟄伏冬眠已久的我。

騎著機車，停在早晨八點十字路口的爆滿機車待轉格裡。每個人上班必經的路，每條路上擠著必須上班的人。等待著紅綠燈倒數秒數一到，便在車陣裡尋找自己能走該走的路。到了兒時同伴的公司，如故地聽我說著近況，他說：「要不一起弄個鹽酥雞攤。」

連續幾個晚上一起到廈門街找中古生財工具，一起研發口味，試了十幾種醃漬的時間和方

法，終於我的鹽酥雞攤開幕了。第一天的營業額是四百多元，補了幾次貨，物料準備的越來越少。攤子的投射燈也像我的心一樣越來越昏暗，不時還會接觸不良，熄了再亮。

回到電腦前，又玩了幾天線上遊戲。有時晴天會告訴我別擔心，還有許多希望，卻讓我對未來的恐懼變成可怕的悶重憂鬱。有時雨天會讓我看見清晰的自己，然後讓我從床上跳起來，大喊「我要加油！」直到有一天發現我原本賣鹽酥雞的攤位，門庭若市的人潮排著隊準備要買鹽酥雞，老闆長得很像我，卻不是我。

今天趁著多日忙碌難得的假期，到宜蘭的五峰旗爬山，向上的道路都砌好鋪在腳下。

許多人望著指向不同地方的路標，看老半天還是看不懂，索性就在涼亭稍稍休息。有人

堅信自己的步伐，其中一些人，一下子就如願找到最省力的途徑到了山頂的天主教堂。也有一些人，像我一樣，非得繞遍整座山的小路才能到達山頂的天主教堂。

前方還有一條長路，我終於明白：「沒有一種幸福，背後沒有一個咬緊牙根的堅定靈魂。」感謝一路上相挺的同伴，讓我知道自己的人生，不是複製誰的，不是非得筆直才能到達，峰迴路轉裡的精彩與否都是自己決定的。

## 後記

隨風，巽。君子以申命行事。重卦之巽風一吹再吹，就像風化敦俗，重申其命以堅定行事。

“九二”及“九五”陽爻分別居於下卦與上卦的中位，其左右皆爲一陽一陰像合乎正道，一副是非了然於心的樣子。《序卦》：旅而無所容，故受之以巽。巽者，入也。

文中：前方還有一條長路，我終於明白：「沒有一種幸福，背後沒有一個咬緊牙根的堅定靈魂。」。便是「無所容」之後「巽」的重申堅定。或用以〈enter〉(submission)。說文解字：具也。

http://
一枚硬幣．西子灣
.com.tw
N 22.610693,
E 120.266889

枚在半空中的進行式硬幣，隱含偶然性的必然變化。

大年初三，連續通宵痲將疲累的身軀，讓我平白地睡掉整個白天，醒來後，渾身像通了電般想一直跳。

約了一群好友去西門町燒烤吃到飽。爐中的炭火發爐似地，炙燒著猛滴汁的五花肉，鐵夾開始在油煙裡聒噪，高溫空間充滿久未逢別的趣事。

「為什麼烤甜不辣會澎漲起來？」女性友人問我。

我回答說：「因為他有滿腔的熱情呀！」

女性友人又問：「那蝦子呢，為什麼捲伏著身子？」

我說：「因為他怕冷，所以捲伏著身子

取暖呀！」

女性友人拿鐵夾要夾我：「亂講，烤網明明就很熱。」

我斜著頭說：「對呀！就像我明明在暖呼呼的被子裡想抱住誰，可是誰也都不讓我抱，所以只能捲伏著身子自己抱住自己。」

蝦子在爐火上，月勾似地笑。

西門町徒步區大夥邊走邊聊邊消化，坐在西門町捷運站出口。「不然，我們來玩個遊戲好了。」說完我便用腳劃人行道的小格磚，劃成一個大格子，「這兒是基隆，這兒是墾丁，那裡是台中，這裡是花蓮，我們來丟銅板，看銅板落在哪，我們就出發去哪。」

「喂，這會不會太瘋狂呀。」同伴有點

不可置信地說著。

大夥像看猴戲般看著我把十元銅板拋得好高。一枚在半空中的進行式硬幣，隱含偶然性的必然變化，是媒介的軌道，亦是某個誰對時間空間運算的結果。

每次旅程中的點擊，設想連結島嶼的感官，打開許多不同頁面，做自行的系統解讀，顯示得常以極其自由的面貌呈現，殊不知其實是一整的因果機遇，天地我共用的資料夾，彼此點擊打開。

唉呀！硬幣像編碼錯誤那樣，掉到人行道裡假象台灣地圖的西南角，嗯！不是屏東，是比屏東上面一點點的高雄。

「走吧！我們要去高雄囉！」我開心的說。男友人說：「神經喔，講得跟真的一樣！」

「有沒有那麼瘋狂呀！」女性友人接著搭腔說。

我說：「別管！出發就對了！」心裡想著年假都還有四天，該拜的年也都拜了，該吃的胖死人不償命的大魚大肉也吃了，麻將也竭盡體力地打了超過二十圈了，別再回家看那千篇一律的過年特別節目。想想充滿陽光的熱情港都，別再捲伏在被子裡了。

「這一定會是一個每次吃燒烤都會想起的瘋狂回憶！快點啦！走啦！」

大夥從西門町一路走到了台北車站，一路上友人還直說著「好嗎？」「確定嗎？」「這樣太瘋狂了啦！」「大家都沒有帶隨身換洗物品耶！」

到了台北車站明亮的大廳，大夥忽然感覺好像分外明確，就乾脆來點特別的吧。不再游移不定，大夥認真地討論起來了。

趁大家沒有反對意見的時候二話不說，我馬上去買火

車票。

售票小姐對著我說：「抱歉，因為現在是過年期間，座位都沒有了，有考慮站票嗎？」心想，哇塞假如用站的一路站到高雄，下車大夥不就要先找國術館接骨了。

還好，這個世界上還有客運巴士這種交通工具。午夜時分上了交流道，大夥後悔也來不及地睡著了。我望著時而順暢時而擁塞的中山高車潮，心底想著，有一枚停在半空中沒墜落的硬幣，擁有什麼樣的機會。

到了高雄車站是清晨四點半，除了便利商店的廣播，汽程車招攬客人的聲音外，萬物俱寂。沒錯，我被罵白癡。

沿著車站的周邊找了幾間從外觀上看應該會很便宜的旅館，想先休息一下，卻都說清晨入住也要算住宿一天的錢。

一家有神秘紅色壁燈，看起來像怡紅院的老舊賓館，櫃檯阿嬤揉著睡眼惺忪的眼睛，看一看牆上掛歪的吊鐘

說：「好啦！算你們半價，但只能休息到中午。」

懷裡抱著從旅館要來的高雄地圖，半夢半醒地躺到了早上十點，大夥在旅館門口前集合，說還沒有坐過高雄捷運，「好吧！就先來個高雄捷運之旅吧！」

一股腦地遁入美麗島站，多麼羅曼蒂克的站名呀！

光之穹頂玻璃帷幕的盛況，馬賽克的華麗色彩拼塊，讀取頁面的百分比不停地跑，我不夠MB的快閃記憶體，還來不及看關於美麗島站的典故跟介紹，就被友人催促上了捷運車廂。

巨蛋站有不知早已身在巨蛋裡的巨蛋。雅緻的百貨公司，向裡頭的導覽服務人員詢問，來高雄有沒有什麼地方是一定要去的，英傑挺拔的服務人員斬釘截鐵地答：「西子灣！」

到西子灣站才發現自己是剛剛從巨蛋站來的

溫泉蛋，整顆心像未熟蛋黃被筷子點擊撥開，快融化地流洩四方。

衰老的鵝黃夕陽是小時候的雜貨店老伯伯，不吝嗇地分給每個小朋友橘色葫蘆軟糖，還有摺紙飛機用的卡通圖案糖盒。有氣無力的慈祥，卻也寶刀未老的和煦。

西子灣的夕陽公公，讓人就好想一直在他的膝蓋附近磨蹭，然後跟他討糖吃，叫他說故事給人家聽。

租了電動機車，先到了漁人碼頭給成群結隊的貨櫃輪船看，然後才允許他們去太平洋再到大西洋。鳴笛聲揚起，由我們蓋上准可的戳章讓他們離境。目送貨輪出航，我們才又騎著電動機車，從鼓山上了往旗津的渡輪。機車跟人一樣票價都是十元，載滿人車的渡輪，輪機聲大速度慢地向旗津靠近。

熱鬧的旗津街頭，海產店像雨後肉絲炒箭筍那樣林立。

街上排長隊的番茄專門店吸引我們注意，第一次吃沾薑末醬油的切片牛番茄，那滋味像是台灣啤酒加上焦香烤魷魚的絕配。

坐在旗津海岸公園的海灘步階上，港灣海風中帶著及時行樂的氣味，斜陽裡沒有人捲伏著身子，一同張開雙臂懷抱著海平面夕陽，也被夕陽擁抱。

晚上回到台北的時候，大家像有默契那樣沒有多說還要上哪吃宵夜。每人臉上掛著疲累和滿足，隨身背包裡裝著西子灣暖暖夕陽和高雄地圖，是島嶼熱情海港的收藏。

開啟那枚半空中的硬幣，立即快顯晴朗美麗的高雄。那些當初以為的偶然，回頭看盡是一路的必然。

友人在大夥道別時說：「下次吃燒烤，記得通知我要帶換洗衣褲、洗面乳、隱形眼鏡藥水……。」

「我可沒有那樣的防火牆。」我暗自說。

# 後記

麗澤，兌。君子以朋友講習。兌爲澤爲西方，兩兌相疊，有兩澤相連，兩水交流之象，喻朋友相和相慕切磋講習，是一歡欣的場面。澤中的水可以滋潤萬物，使萬物喜悅，也是悅的象徵。《序卦》：入而後說之，故受之以兌。兌者，說也。

文中：西子灣的夕陽公公，讓人就好想一直在他的膝蓋附近磨蹭，然後跟他討糖吃，叫他說故事給人家聽。便有上滋下潤，「兌」的樣子。或用以〈joyful〉。說文解字：說也。从儿　聲。說者今之悅字。

http://
草莓蛋糕．
萬里
.com.tw
N 25.19034,
E121.685472

自從新北市也開始實施垃圾不落地政策之後，萬里地區的人們變得非常奇怪，每天到了凌晨三點家家戶戶都還燈火通明，人們日常見面都不相互交談。

萬里鄉民政課穿短袖白襯衫的科長發現這個現象後，三天前就跟有點暴牙的鄉長約好今天要跟他報告。

鄉公所偌大的會議室裡，「根據上個月戶口普查的數據顯示，我們民政課發現萬里地區不再有任何發生愛情的跡象，細究原因是原來環境變得太乾淨，人們變得互相仇視。」

鄉長撫著油亮的額頭，皺起了眉問：「你們有什麼解決之道？」

「經過了昨天我們開了緊急會議，提出了一個方案，就是我們得在翡翠灣那邊種

植五千棵的尤加利樹。」「翡翠灣，尤加利樹，為什麼？」鄉長問。

科長像準備得很充分：「因為我們科員相信翡翠灣的海面上，有滿天連串滑翔翼，一直找不到適合降落的地方，假如有一片尤加利樹林的話，人們就不會再懼怕降落看見對方和自己了。」

「而且一棵尤加利樹會有一隻無尾熊，一隻無尾熊一天會有一公斤的排便量，五千棵的尤加利樹會有五千隻無尾熊，然後每天就會有五千公斤的無尾熊便便。以我們這地區 51,343 人來算的話，平均每一人每天可以分得到 97.3 公克無尾熊便便，也就象徵著每個人每天還有接近 3 公克的空間。根據世界衛生組織的調查報告，3 公克是一般人最能接受容納的情意容量。」

鄉長抿了抿嘴，吞了一口口水：「扣除每年都要修復的野柳女王頭和旁邊立可白留下的塗鴉

字跡，今年預算夠支付種植五千棵的尤加利樹的費用嗎？」

「夠是夠啦，不過補助貧戶的草莓蛋糕上的草莓要從三顆變成半顆才可以。」

鄉長無奈地說：「應該不會造成太大的反對聲浪吧？而且半顆對切的草莓剛好可以讓那些渴望的貧戶看見草莓幸福的內在。好吧！就照這樣辦吧！」

民政課科長緊咬著嘴唇回到工作崗位上，這種使命感無可比擬，每天流著斗大的汗滴。

半年後的寒冷冬天，我騎著腳踏車沿著海濱的獅子公園，經過停滿漁船的瑪鍊港，到碧海藍天的翡翠灣時，發現海邊一大片尤加利樹林裡許多躲躲藏藏的無尾熊。

東北季風不穩定氣流，使滑翔翼還是必須彼此保持安全距離，所以老各自盤旋，無視於民政課科長的努力。那些用心栽培的尤加利樹林，裡頭那些可愛的無尾熊，都沒人真正看見，所以看來沒有任何成效。

我問起此地相互交談的居民，他們說萬里大街上有我要的答案，奮力騎上上坡道路到蛋糕店，櫥窗內巧克力蛋糕都標示為無尾熊便便口味。

笑容可掬的蛋糕店門市人員，跟從城裡來的排隊人潮，那些嘴角上沾到的分不清是巧克力還是什麼。

剩下的3公克不多，但足以讓人不再互相仇視。

## 後記

澤滅木，大過。君子以獨立不懼、遯世无悶。上澤下木，有澤水沉沒木舟之象。木頭本應浮在澤上，但現實實在是太過分，使木被澤水淹沒了。雖然矯枉過正而被批評、被誹謗爲大過，仍要堅持正道，獨立不畏懼地踽踽而行，絕不違其道而行，縱使不被認同，也本著信念堅持到底。《序卦》：不養則不可動，故受之以大過。

文中：東北季風不穩定氣流，使滑翔翼還是必須彼此保持安全距離，所以還老是各自盤旋，無視於民政課科長的努力。那些用心栽培的尤加利樹林，裡頭那些可愛的無尾熊，都沒人真正看見，所以看來沒有任何成效。如澤者應潤養於木，乃至滅沒於木，被「大過」擁抱之象。島嶼行旅許多經過與錯過，終會記住自己的模樣，堅持的道路蜿蜒，但求能登彼岸。或用以〈blunder〉。說文解字：度也。从辵咼聲。

國家圖書館出版品預行編目（CIP）資料

角落裏的風景 / 張又穎著. -- 第一版. -- 臺北市：樂果文化, 2015.08
面；　公分. --（樂繽紛；24）
ISBN 978-986-91916-2-3（平裝）

1. 台灣遊記

733.6　　　　　　　　104012973

樂繽紛 24

# 角落裏的風景

作　　者／張又穎
總 編 輯／何南輝
責任編輯／韓顯赫
行銷企劃／黃文秀
封面設計／鄭年亨
內頁設計／申朗創意

出　　版／樂果文化事業有限公司
讀者服務專線／（02）2795-3656
劃撥帳號／50118837 號　樂果文化事業有限公司
印 刷 廠／卡樂彩色製版印刷有限公司
總 經 銷／紅螞蟻圖書有限公司
地　　址／台北市內湖區舊宗路二段 121 巷 19 號（紅螞蟻資訊大樓）
電話：（02）[illegible]
傳真：（02）2795-4100

2015 年 8 月第一版　定價／350 元　ISBN 978-986-91916-2-3